Julius Schmidt

Geschichte der Serpentinindustrie zu Zöblitz im sächsischen Erzgebirge

Julius Schmidt

Geschichte der Serpentinindustrie zu Zöblitz im sächsischen Erzgebirge

ISBN/EAN: 9783743682047

Hergestellt in Europa, USA, Kanada, Australien, Japan

Cover: Foto ©ninafisch / pixelio.de

Weitere Bücher finden Sie auf **www.hansebooks.com**

Geschichte

der

Serpentin-Industrie zu Zöblitz

im sächsischen Erzgebirge.

Inaugural-Dissertation
zur Erlangung der Doctorwürde bei der philosophischen
Facultät der Universität Leipzig

von

Julius Schmidt.

Dresden,
Druck von C. Heinrich.
1868.

Vorwort.

Obschon das sechste Heft von Freiesleben's Magazin für die Oryktographie von Sachsen ein reichhaltiges Verzeichniß von literarischen Nachweisen über den Zöblitzer Serpentin bietet, so fließen doch die Quellen, die ihren Ursprung in den dort aufgeführten gedruckten Werken haben, nur sehr trübe und spärlich für die Geschichte der Industrie, die auf jenes Serpentinvorkommen gegründet worden ist. Ich habe mich deshalb bei Abfassung vorliegender Abhandlung mit nur wenigen, besonders angegebenen, Ausnahmen auf die Ausbeute zu stützen gehabt, welche mir von folgenden Archiven in reichem Maße gewährt worden ist.

Es sind dies:

1) das Königl. Sächs. Hauptstaatsarchiv.
2) das Königl. Sächs. Finanzarchiv.
3) das Ober=Bergamts=Archiv zu Freiberg.
4) das Archiv des früheren Serpentin=Inspektorats in Zöblitz, jetzt im Floßamte zu Olbernhau.
5) das Magistrats=Archiv zu Zöblitz.
6) die Innungslade der Serpentin=Drechsler daselbst.

Außerdem sind mir noch einige schätzenswerthe Notizen über die neuesten Vorgänge in Zöblitz von dem Herrn Direktor Röbbelen daselbst zugegangen; auch haben mir eigene Untersuchungen und Anschauung an Ort und Stelle

1

Stoff zu einigen einleitenden Bemerkungen geliefert. Die=
selben gehen dem eigentlichen Gegenstande dieser Abhandlung
voraus, da es doch erwünscht sein dürfte, den Zöblitzer
Serpentin selbst hinsichtlich seines Vorkommens und seiner
physikalischen und chemischen Eigenschaften etwas näher kennen
zu lernen, ehe wir zur Geschichte seiner Ausbeutung und
Verarbeitung übergehen.

Der Zöblitzer Serpentin.

Von Westen nach Osten zieht sich bei dem Städtchen Zöblitz
im sächsischen Erzgebirge an einem Abhange, die Haardt genannt, ein
langgestrecktes Lager von Serpentin bis zu dem südöstlich von Zöblitz
an der Straße nach Olbernhau liegenden Dörfchen Ansprung hin.

Seit vier Jahrhunderten liefern die auf dieser Lagerstätte be=
triebenen Brüche einer Industrie das Rohmaterial, die einst ihre
Produkte nach den entferntesten Punkten der Erde sandte, und deren
wechselvolles Schicksal das der weitaus meisten Bewohner der Stadt
Zöblitz bestimmte und zum Theil noch bestimmt.

Diese Lagerstätte wird von drei Seiten von dem im Erzgebirge
vorwaltenden Gneiße umschlossen, nur auf der Nordseite legt sich
ihr ein granatreicher Glimmerschiefer an, der aber auch weiter hinaus
durch Aufnahme von Feldspath in den allgemeinen Gneiß übergeht.
Die Gränzen des Lagers sind übrigens noch nicht überall festgestellt,
da sie meist durch Ackerland, ja im Süden selbst von der Stadt
Zöblitz verdeckt werden, unter deren Häusern man den Serpentin
in den Kellerräumen häufig anstehend findet.

Die regelmäßige Lagerung und Schichtung des Serpentins,
die früher von den Steindrechslern, welche zugleich Brucharbeiter
waren, angenommen und selbst auch von älteren Geognosten ver=
treten wurde, existirt in der Wirklichkeit nicht. Die gegenwärtig
noch immer fortschreitende Aufschließung des Lagers durch einen
Stollen, der eine ansehnliche Tiefe unter der Sohle der alten
Brüche einbringt, zeigt deutlich, daß der weichere und hellfarbigere,
eigentliche Serpentin der Steindrechsler in dem dunklen und dabei
härtern sogenannten Kammstein ohne jegliche Regelmäßigkeit sowohl
der Richtung und Neigung der Absonderungs= und Zerklüftungs=
flächen, als auch in Hinsicht auf Häufigkeit und Gestalt der Stöcke
oder Rester, eingelagert ist. Ein anderer Unterschied als der ange=
gebene der Farbe und Härte besteht übrigens zwischen Kammstein
und Serpentin nicht; es sind eben beide Serpentin. Der an

seiner einfachen, aber unvollkommenen Drehbank — Fitschel oder Wippe genannt — arbeitende Steinbrechsler hatte allerdings Ursache, einen Unterschied zu machen; den härteren Kammstein, dessen er auf seiner Maschine nicht Herr werden konnte, als unbrauchbar zu verwerfen und sich an die weichern Parthien des Gesteins zu halten; seit man jedoch die Schwierigkeit der Arbeit durch Anwendung von mit Wasserkraft getriebenen eisernen Drehbänken und Schneidewerken überwunden hat, ist der in größern Blöcken brechende Kammstein, der überdies gerade wegen seiner größern Härte eine herrliche Politur annimmt, zu umfangreicheren Arbeiten sehr willkommen.

Vor etwas mehr als hundert Jahren lehrte der bekannte, verdienstvolle Chemiker Marggraf in den Memoiren der Akademie zu Berlin zuerst den Serpentin als ein durch die Oxyde des Eisens gefärbtes Magnesiasilikat kennen; vor ihm hatte man denselben wegen seiner Eigenschaft, im Feuer härter zu werden, den „Thonarten" beigezählt. Neuere Analysen haben dann neben der Magnesia, der Kieselsäure, dem Eisenoxyd- und oxydul im Zöblitzer Serpentine noch das Wasser und geringe Mengen von Thonerde, Natron und Chromoxyd nachgewiesen. Auf die verschiedenen Analysen selbst hier einzugehen, liegt außerhalb des Zweckes dieser Abhandlung, die wesentlich eine Darstellung des Geschichtlichen der Serpentin-Industrie beabsichtigt. Letztere zieht aber die Grenzen des Begriffes Serpentin anders, als der Mineralog und Geognost dies thut; Vieles, was in Zöblitz als Serpentin besonders zu musivischen oder eingelegten Arbeiten verwendet wird, ist nichts anderes als Kerolith, Talk oder eine Mengung von Serpentin mit jenen Mineralien, oder ein Uebergang in dieselben. Auf der andern Seite werden die härtern Varietäten des Namens Serpentin nicht für würdig gehalten und blieben bis vor nicht langer Zeit noch unbeachtet.

Begnügen wir uns also mit der Annahme: in der Serpentingrundmasse, wie ich sie nennen will, wesentlich ein Magnesiasilikathydrat vor uns zu haben, dem durch Eisenoxydhydrat: gelbe und grünlichgelbe, durch Eisenoxyd: rothe und rothbraune und endlich durch Eisenoxyduloxyd: dunkelgrüne bis rabenschwarze Farben ertheilt worden sind. Betrachten wir nun aber einige nahe der Oberfläche aus alten Tagebauen entnommene Stücke Serpentin von schöner, bunter Farbenzeichnung, so werden wir gewahr, daß wir es mit keinem einfachen Minerale zu thun haben, sondern mit einem aus Vielerlei zusammengesetzten Zersetzungsprodukte. Nicht allein, daß die Grundmasse verschiedene der genannten Nüancen neben einander aufweist, es finden sich auch folgende, ihr theils verwandte, theils ferner stehende Mineralien, verschieden gestaltet, in sie eingebettet. Als: Asbest in schmalen Gängen und Gangtrümern; Pikrolith mit edlem Serpentin zusammen als Ueberzug, in Gängen, als Schalen, die, wenn sie von der erforderlichen Dicke sind, zu Knöpfen, Mo-

saiten ꝛc. verarbeitet werden. Geschliffen und mit der feinen Politur
versehen, die seine größere Härte möglich macht, ist er in seiner
äußern Erscheinung dem wolkigen Bernsteine oft auffallend ähnlich.
Magneteisenstein erscheint manchmal compact in Schnuren ausge-
schieden; häufiger jedoch bildet er, fein eingesprengt, schwarze Adern
und unregelmäßige Flecken (von denen Bruchstückchen dem Magnete
folgen), die in hellgefärbten Varietäten des Serpentins besonders
markirt hervortreten und schöne Zeichnungen bilden. Es sind diese
Flecke nicht zu verwechseln mit andern von rundlicher Gestalt, die
manchmal mit einem Hofe von Glimmer umgeben sind, und von
den Steindrechslern unpassend „Granaten“ genannt werden; diese
weisen sich durch ihren Chromgehalt als zersetzte, oder vielleicht auch
nicht zur völligen Ausbildung gelangte Pyropen aus. Von ihnen
rührt hauptsächlich das Chrom her, welches wir in den Analysen
des Zöblitzer Serpentins angegeben finden; denn die gelbe, grüne
und schwärzliche Grundmasse ist von Chrom bis auf kaum nachweis-
bare Spuren fast frei; nur die blutroth gefärbte enthält deutlichere
Spuren davon, besonders gewisse in Talk grob eingesprengte Parthien derselben. Eine auffallende Erscheinung ist hierbei, daß sich
völlig ausgebildete, rothe, durchsichtige, oder stark durchscheinende
Pyropen nur an der Oberfläche und in lose liegenden Serpentinblöcken vorfinden; in der Tiefe verschwinden sie gänzlich, und die erwähnten, fälschlich sogenannten, Granaten treten an ihre Stelle.

Mit dem Serpentin verwachsen kommen noch Strahlstein,
Kerolith, Talkschiefer, Talkfeldspath (weißer Periklin), Quarz
u. s. w. vor.

Nach den bisherigen Erfahrungen beschränken sich übrigens
die bunten und weichern Abänderungen des Serpentins, sowie seine
Mengungen mit anderen Mineralien, hauptsächlich auf die Oberfläche der Lagerstätte; in dem gegenwärtig betriebenen, tiefen unterirdischen Abbauen ist er immer nur in reinerem Zustande, von
grüner bis schwärzlicher Farbe und mit sogenannten Granaten
durchsetzt, angetroffen worden.

Die verhältnißmäßig geringe Härte des Serpentins, welche die
des Kalkspaths nicht oft überschreitet, erlaubt eine sehr mannichfache
Formgebung desselben; selbst seine härtesten Varietäten lassen die
Bearbeitung auf der Support-Drehbank, der Fraismaschine, dem
Schneidewerke mit gezahnter Säge und mit Raspel und Feile zu.
Diese Eigenthümlichkeit, verbunden mit der Fähigkeit eine schöne
Politur anzunehmen und die schöne, wenn auch meist ernste, Farben-
gebung sind wohl die Ursachen gewesen, daß von allen Gesteinen
Sachsens, die sich durch Farbe und feine Textur zu Bildhauer-
arbeiten empfehlen, der Zöblitzer Serpentin das zuerst in der Archi-
tektur und zu Geräthen verwerthete war. Doch zeichnet den Serpentin noch eine andere gute Eigenschaft aus — die Dauerhaftigkeit,

von der mehrere alte Arbeiten Zeugniß geben. Von allen den schönen vaterländischen Gesteinsarten, mit denen in den Jahren von 1592 bis 1594 der italienische Architekt Nosseni die kurfürstliche Begräbnißcapelle am Dom zu Freiberg auskleidete, hat sich der Serpentin, aus welchem die Füße der corinthischen Säulen mit ihren zarten Gliederungen gedreht worden sind, allein in seiner ursprünglichen Politur erhalten, während die Marmorschäfte der Säulen schon sehr gelitten haben, und der Alabaster der Blindbögen und deren Füllungen in völliger Auflösung begriffen ist. An der Außenseite des Doms, in der Nähe der goldnen Pforte, befinden sich zwei Serpentingrabsteine, der eine dem Andenken des 1629 verstorbenen Faktors der Saigerhütte Grünthal, Rothe, gewidmet, der andere dem eines 1639 verstorbenen Mitgliedes seiner Familie; an beiden ist nur die Vergoldung der Inschriften der Zeit erlegen. Ein noch merkwürdigeres Beispiel von der Unveränderlichkeit des Serpentins selbst im Freien ist der auf der Nordseite der Zöblitzer Kirche angebrachte Grabstein des 1765 verstorbenen Serpentin-Inspektors Friedrich, in welchen ein nur 2 Zoll im Durchmesser haltendes Medaillon gravirt ist, das die mit großer Zartheit ausgeführten Embleme der Steindreherkunst zeigt. Jeder Zug des Schabers ist noch daran sichtbar und nur erst erinnern kaum bemerkbare Spuren von Flechtenansatz daran, daß der Stein schon ein Jahrhundert hindurch dem rauhen Klima des oberen Erzgebirges ausgesetzt war. Ebenso unverletzt hat sich die Einfassung einer jetzt vermauerten Thür am Thurme der Kirche, welche die Jahrzahl 1754 trägt, erhalten; die vertieft in dieselbe eingeschnittenen Zahl- und Schriftzeichen sind gänzlich frei von Flechten geblieben, während in nächster Nähe Grabmonumente von Crottendorfer Marmor in der kurzen Zeit einiger Jahrzehnte mit Flechten und Moos überwuchert worden sind.

Ich will nun noch hier als eines Curiosums der Wunderkräfte gedenken, die in frühern, glaubensstärkeren Zeiten dem Serpentin innegewohnt haben sollen, die ihm aber im Laufe der Alles benagenden Zeit abhanden gekommen sind.

Schon im Alterthume wurden nach den Berichten des Dioscorides, Galen und Plinius*) Amulet aus Ophit, einem Steine, der unzweifelhaft identisch mit unserm Serpentin ist, gegen Kopfschmerz und Schlangenbiß, Wahnsinn und Schlafsucht den Kranken umgehängt. Wahrscheinlich hierdurch oder auch wohl durch den bloßen Namen angeregt (ὀφίτης, serpentaria) war man später darauf verfallen, dem Serpentin eine geheime Kraft, dem Gifte zu wider-

---

*) Plinius Sec. Hist. nat. lib. XXXVI,XI. Duo ejus (scil. ophitae), molle candidum, nigricans durum. Dicuntur ambo capitis dolores sedare adalligati et serpentium ictus. Quidam phreneticis ac lethargicis adalligari jubent candicantem.

stehen oder auch die Gegenwart deffelben anzuzeigen, zuzuschreiben, wie uns der Altvater der Mineralogie, Georg Agricola zuerst berichtet.*) Später erfahren wir aus des Niederländers Boëtius de Boot, Leibarzt des Kaiser Rudolf II., Schrift: Gemmarum et lapidum historia, daß in der zweiten Hälfte des 16. Jahrhunderts große Schwindeleien mit den angeblichen Wunderkräften des Zöbliter Serpentins getrieben wurden. Er selbst steht letzteren als Ungläubiger gegenüber und gibt im 279. Capitel**) des genannten Werkes nur Das, was von den Serpentinhändlern in Druckschriften darüber ausgebreitet wurde, kann aber dabei die Befürchtung nicht unterbrücken, das Jene um schnöden Gewinnstes willen mehr versprächen, als zu halten möglich sei. Es mochte allerdings den Serpentingefäßen bei den Käufern zu nicht geringer Empfehlung dienen, wenn der Händler versicherte: daß, wo irgend Gift in eins derselben geriethe, es dies sofort durch sein Schwitzen anzeigte, und daß je öfterer man daraus tränke, desto größere Linderung aller Gebreste man verspüre. De Boot scheint die deutschen Verse vor Augen gehabt zu haben, die uns M. Steinbach in seiner Chronik von Zöblitz, als aus alter Zeit stammend, aufbewahrt hat, und welche einen Serpentinwärmstein als ein Mittel gegen Colik, Magenüberladung, Blasenstein, Zipperlein und Geburtswehen rühmt, und deren Schluß: „In Schwindsucht macht er Kranke ruhn, wenn Lung und Leber wehe thun", de Boot wie folgt in das Lateinische übertragen hat: „Phtisicis etiam conducit, quia si quis vel eum, vel ex eo bibat, pulmonem et hepar confortat." Die Worte: vel eum, vel ex eo zeigen, daß man damals schon Arzneimittel für den innern Gebrauch aus dem Serpentin präparirte. Eine Anzahl Recepte in deutscher und lateinischer Sprache zum innern und äußern Gebrauche des Serpentins finden wir in dem etwa 100 Jahre jüngeren Werke Chr. Lehmanns: „Schauplatz derer natürlichen Merkwürdigkeiten in dem Meißnischen Ober-Erzgebirge" einer Collection des craffesten Unsinns und Aberglaubens vom Jahre 1699. Darin werden auch schon die Arzneien empfohlen, die der Serpentindrechsler Bach aus dem Staube, der beim Drehen des Serpentins abfällt, mit Hülfe „etlicher erfahrener Chymicorum" bereitete und von denen noch 1750 M. Wilh. Steinbach in seiner

---

*) Georgius Agricola: De natura fossilium libri X im VII. Buche: Ex ophite albo veteres vasa et cados, ex Zeblicio nostri cochlearia et pocula, quod veneno resistere persuasi sint (formant).

**) Cap. CCLXXIX, de facultatibus et usu ophitis: Zeblicius Ophites Germanorum ad multa praedicatur. Scribam quid illi Typographicis typis de illius facultatibus ediderint. Vereor ne illo divendito, aurum aucupentur, plura promittant, quam praestare possit. Lapis Serpentinus nullum patitur venenum, ubi poculum e lapide factum susceperit, id sudore prodit . . . Quo saepius ex hoc, vel de hoc lapide bibitur, eo majus auxilium percipitur.

„Historie des von dem Edlen Serpentinstein weitbekannten Städtchens Zöblitz im Ober=Erzgebirge" rühmt, daß die „herrlichen Pflaster gegen Gift und Reißen", die „fürtreffliche Tinktur wider Gift und alle anstellige Krankheit" und die Pillen gegen Magenschwäche Großes an den Leibern gläubiger Gemüther gewirkt hätten. Leider nahm Bach das Recept zu seinen Wundermitteln mit in das stille Grab, und die „erfahrenen Chymici" scheinen nicht tief genug in den Proceß, Bittersalz aus Serpentin zu machen, eingeweiht gewesen zu sein, um die Fabrikation auf eigene Hand fortzusetzen.

M. Steinbach ist noch so fest von der Widerstandskraft des Serpentins gegen Gift überzeugt, daß er in seiner „Historie" ernstlich versichert: „daß weder eine Schlange, Kröte oder Molch, noch anderes giftiges Thier sich je in die Nähe eines Serpentinbruches wage". Mit nicht geringem Stolze erzählt er auch darin, daß der berühmte Gelehrte Joh. Jac. Scheuchzer in einem Briefe auf die merkwürdige Uebereinstimmung der alten murrhinischen Gefäße mit denen, die in Zöblitz aus Serpentin gefertigt würden, aufmerksam gemacht habe.

Noch im Jahre 1831 wurden Serpentinwärmsteine als „wahrscheinliches" Schutzmittel gegen die damals grassirende Cholera vom Pastor Hering in Zöblitz in dem Beiblatte der Abendzeitung empfohlen, und so zahlreiche Bestellungen waren davon die Folge, daß den damals durch Mangel an Beschäftigung heruntergekommenen Serpentindrechslern, wenigstens für den Augenblick, wieder aufgeholfen wurde. Noch jetzt sind Zöblitzer Wärmsteine beliebt und empfehlen sich durch ihre zweckmäßigen Formen sehr zu warmen Bähungen.

Nicht wenige der steinernen Streitäxte, die aus den Gräbern der Vorzeit Sachsens in Sammlungen übergegangen sind, bestehen aus Serpentin; ein Beweis, daß schon jener grauen Vorzeit Serpentinlagerstätten bekannt sein mußten.

Der slavische Name Zöblitz, der in den ältesten Urkunden sich Czabeliz geschrieben findet, deutet auf eine schon frühe Entstehung des Ortes dieses Namens hin. Die ersten Ansiedler fanden hier den Boden sicherlich ebenso mit Serpentinfelsen und losen Serpentinblöcken bedeckt, wie sich derselbe noch heute in der Nähe von Zöblitz zeigt. Bei dem Ebnen des Bodens zur Anlage von Wohnungen und Wegen konnte ihnen die Beobachtung kaum entgehen, daß die Steine die sie, so gut sie vermochten, zu beseitigen hatten, sich wegen ihrer geringen Härte besser bearbeiten ließen als irgend andere, die sie in der Umgegend angetroffen hatten; es lag also

nahe, daß sie dieselben zur Anfertigung von Streitärten, wahrscheinlich der einzigen Form, unter der sie sich Gesteine überhaupt nutz-
bar zu machen wußten, verwendeten. Leicht konnte dann später,
als Steinwaffen außer Gebrauch kamen, die Benutzung des Serpentins in Vergessenheit gerathen, besonders in einer Zeit, deren
Kultur noch nicht auf der Höhe stand, daß sie ein Bedürfniß zu
einer anderweiten Verwendung des Steins, etwa zu Luxusgeräthen
oder architektonischen Zwecken, gehabt hätte. Es blieb deshalb einer
spätern, bedürfnißreichern Zeit die Wiederentdeckung des Serpentins und seiner Eigenschaften vorbehalten. Darüber, wann und
von wem diese geschah, gibt das älteste Aktenstück der frühern Ser-
pentin-Inspektion zu Zöblitz: „S. Vol. I. Nr. 3, Nachricht von
Matheus Illigen, der Zeit richter und Vormeister der Serpenthin
Dreßler" vom Jahre 1665 in folgenden Worten glaubwürdige
Nachricht: „Der Erfinder hat geheißen Christoph Illigen ist Bergk-
meister allhier in Zöblitz geweßen, weil dazumal das Berglambt
vor Erbauung der Stadt Marienbergk allhier zum Zöblitz geweßt.
Dieser Christoph Illigen ist verstorben in dem 1482ten Jahre hat
einen Dienstjungen gehabt hat geheißen Matz Brinnel der hat diese
Serpentin Arbeit auch etwas begriffen und derselbige bey seinen
gantzen Leben sich damit genehrt zc."
Wir werden uns hiernach wohl kaum weit von der Wahrheit ent-
fernen, wenn wir die ersten Anfänge der Wiederbenutzung des Zöblitzer
Serpentinlagers in die Mitte der zweiten Hälfte des XV. Jahrhunderts setzen. Offenbar falsch ist die Angabe M. W. Steinbachs
in seiner schon erwähnten Zöblitzer Chronik. Er entnahm dieselbe
den „remarquablen, curieusen Briefen der an. 1721" und sie
lautet: „Es ist dieser Serpentinstein, wie man in einem Manu-
scripte gefunden ums Jahr 1546 von Justo Raben, einem in
Italien, Schweiz und andern entlegenen Ländern wohlgereisten Berg-
werksverständigen, alten 60jährigen Mann entdeckt worden." Obgleich sich diese Nachricht in Herings Geschichte des sächsischen Hoch-
landes und andern Schriften fortgepflanzt hat, ist sie dennoch unrichtig, und findet ihre Widerlegung in dem Berichte den uns Georg
Agricola in seinen, wie er in der Vorrede bemerkt, im Jahre 1640
geschriebenen, mineralogischen Abhandlungen gibt*). Nach diesem
waren um diese Zeit nicht allein schon Serpentinbrüche bei Zöblitz
im Betriebe, sondern es fand auch schon eine ausgedehnte Fabrika-

---

*) In der an den damaligen Herzog, späteren Kurfürsten, Moritz
von Sachsen gerichteten Vorrede zu der Sammlung seiner mineralogischen
Schriften, welche 1546 von dem berühmten Baseler Buchdrucker Hier.
Froben ohne allgemeinen Titel herausgegeben wurde und welche Kemp-
nicii Cal. Martii Anno MDXLIIII datirt ist, sagte er: Tuo autem
nomini, princeps patriae, meos hos libros, quartum ab hinc
annum scriptos dicare uolo . . .

tion von Serpentinwaaren statt*), unter denen aufgeführt werden: Löffel, Becher, Kugeln, deren sich die Frauen zum Trocknen ihrer damals gebräuchlichen leinenen Kopf- und Vortücher bedienten und von denen sich noch ein Exemplar im historischen Museum zu Dresden in einem Arbeits- und Toilettentische der Kurfürstin Anna zusammen mit einer Reibschaale erhalten hat; besonders aber schon gerade und gekrümmte Wärmsteine. Wir haben aber auch durch den bekannten Meißnischen Geschichtsschreiber Georg Fabricius Kunde von noch ältern, auch bedeutendern, architektonischen Serpentinarbeiten; von der frühesten Erwähnung des Serpentins in einem Inventare der kurfürstlich Sächs. Silberkammer vom Jahre 1469 ganz abgesehen, da wir nicht wissen können, ob die dort aufgeführten serpentinsteinernen Gabelhefte aus Zöblitz stammten.

Fabricius erzählt in seinen: „Annales urbis Misnae"**), daß im Jahre 1524 die Gebeine des auf Betrieb Georg des Bärtigen am 31. Mai 1523 canonisirten Meißner Bischofs Benno in eine serpentinsteinerne Tumba gelegt wurden, welche jedoch 1539 bei der ersten durch Herzog Heinrich den Frommen angeordneten Kirchenvisitation beseitigt und vernichtet wurde***). Ein gleiches

*) Im VII. Buche seiner Abhandlung: de natura fossilium lib. X, das von den verschiedenen Marmorarten handelt: Ex ophite albo veteres vasa et cados, ex Zeblicio nostri cochlearia et pocula, quod veneno resistere persuasi sint (formant), atque etiam globos quibus mulieres siccant linea capitis velamina, cum ea laverint, praeterea crustas planas et convexas, quibus calefactis nostri hieme, cum in lecto cubiculari sunt, frigida fovent membra: et illis quidem pectus et ventrem, his latera, pedes, brachia.

**) Enthalten in dem Werke: Georgii Fabricii rerum Misnicarum libri VII. Lipsiae sine anno, doch ist die dem jungen Herzog Christian dedicirte Vorrede Cal. Septembris 1569 datirt.

***) Annales urbis Misnae, ad annum 1524: Ossa Bennonis more solenni effossa et sublata in tumbam marmoream ophitinam sunt XVII cal. Iun., die post festo divi viti. Fabricius macht hier einen chronologischen Schnitzer, da dies ante Kalendas Junii der 16. Mai ist, während dies post festo divi viti der 16. Juni; höchstwahrscheinlich ist das letztere Datum das richtige. „Tumba marmorea ophitina" ist mehrfach falsch ausgelegt worden, so sagt Faust in seiner „Geschichte und Zeitbüchlein der Stadt Meißen" wozu er des Fabricius Werk stark benutzt hat: „Anno 1524 den 5. Juni sind die Gebeine Benno's in ein erhaben Marmelsteinen Grab gelegt", und Schwechten in seinem Werke: Der Dom zu Meißen: „Herzog Georg ließ auch die von Wittigo über dem Grabe Benno's errichtete tumba fortnehmen und durch eine neue von Marmor und Serpentinstein ersetzen." Daß die tumba aus Serpentin allein gefertigt war, geht aus obigen Worten des Fabricius, der dieselbe noch aus eigener Anschauung kannte, klar hervor, wenn man weiß, daß zu jener Zeit Agricola, Kentmann und Andere den Serpentin abwechselnd nennen: Marmor Zeblicium, Marmor ophitinum, ophites, Serpentaria und Serpentina nennen. ad an. 1539: Per illustrem Principem Henricum . . . mutatur forma religionis, Tumba Bennonis ante annos XV erecta, deponitur.

Schickfal drohete in neuester Zeit auch dem ältesten der jetzt noch vorhandenen Beispiele der Anwendung von Serpentin in der Architektur, dem Portale der Georgenkapelle am Dome zu Meißen, wurde jedoch noch rechtzeitig auf Anregung des Verfassers durch den Königl. Sächs. Alterthumsverein abgewendet, der die Wiederaufstellung desselben bewirkte. Der Stil desselben — Frührenaissance mit Anklängen an die Spätgothik — deutet darauf hin, daß es sammt der Kapelle kurze Zeit nach Errichtung des Grabmals Benno's erbauet worden ist; wurde doch auch in die schon vollendete Kapelle die am 15. Februar 1534 verstorbene Gemahlin Georg des Bärtigen, Barbara, begraben*). Das auf der Innenseite des Eingangs zur Kapelle angebrachte Portal besteht aus zwei größeren Serpentinsäulen — Monolithen — die auf mit Serpentinfüllungen verzierten Sockeln stehen und einen Architrav tragen, auf dem sich zwei kleinere Säulen, ebenfalls von Serpentin, befinden; aller dieser Serpentin stammt von Zöblitz, wie Fabricius ausdrücklich versichert, woraus mit großer Wahrscheinlichkeit zu folgern ist, daß Zöblitz auch das Material zum Grabmale Benno's lieferte.

Das schon oben angezogene Aktenstück (S. Vol. I. Nr. 3) und nach ihm auch Steinbach in seiner Chronik nennt einen Diener des Entdeckers des Serpentins, Namens Matz (Matthäus) Brinnel als den Ersten der jenen Stein, anfänglich noch aus freier Hand, bearbeitet habe und den 1614 als 70jährigen Greis verstorbenen Michel Beßler als den Erfinder der weitaus wichtigsten Bearbeitungsmethode des Serpentins — des Drechselns desselben auf der Drehbank. Wir haben aber diese Erfindung in eine viel frühere Zeit zu versetzen; sind ja doch schon die kleineren Säulen des Meißner Kapellen-Portals abgedreht, und Agricola sagt uns in seiner schon erwähnten Abhandlung de natura fossilium im ersten Buche das von den physikalischen Eigenschaften der Mineralien handelt, daß schon 1540 der Zöblitzer Serpentin zu Trinkgeschirren gedreht wurde***). Wir müssen deshalb annehmen, daß schon zu Anfange

---

*) Ann. urb. Misn. ad an. 1534: Barbara, ducis Georgii uxor obiit Dresdae XVI. Calend. Febr. Misnae, in sacello, a marito exstructo sepulta Der Tag ist unrichtig angegeben, müßte heißen XV. Kal. Martii, da bekanntlich Barbara den 15. Februar, am Sonntage Estomihi starb.

**) A. a. O. ad an. 1539: ... Georgius, Saxoniae dux, ... moritur Dresdae XV Kal. Maii, in hac urbe (Misna) ultimus inter duces Sax. sepultus. Occupato tamen loco sepulcrorum pristino, sibi uxorique proprium sacellum exstruxerat, quod marmore candido et rubeo Ratisbonense, item ophitino maculoso Zebliciano ornatum in ingressu est ...

***) Lib I. pag. 178: Quae (scil. res fossiles) ferro tractari queunt, hae omnes scalpi possunt, alii vero etiam tornari sicut in Misena marmor Zeblicium, in Italia lapis Comensis. illud enim tornatur in pocula, hic in vasa coquendis cibis, inquit Plinius, utilia.

des 16. Jahrhunderts jene einfache Drehbank, die wegen der vor- und rückwärts gehenden Bewegung, die sie dem Arbeitsstücke ertheilt, Fitschel genannt wird, in die Serpentin-Industrie eingeführt worden ist, in der sie sich bis auf heutigen Tag theilweise noch erhalten hat, während man in der Holz- und Metalldreherei schon längst zur Drehbank mit stetig rotirender Bewegung übergegangen ist.

Kurfürst August, bekanntlich ein sehr kunstreicher Drechsler, hat sich auch im Serpentinsteindrehen versucht, wie ein von ihm aus diesem Steine gedrehtes Hifhorn, das im historischen Museum in Dresden aufbewahrt wird, beweist. In den Hofhaltungsrechnungen seiner Zeit finden sich häufig serpentinsteinerne „Waldpfeiflein" zu Dutzenden aufgeführt, die, von den Hofgoldschmieden reich mit Gold beschlagen, bis in ferne Länder an befreundete Höfe als Geschenke versandt wurden. Unter ihm und seinem Sohne Christian I. wurde aber auch viel Serpentin zu baulichen Zwecken und Prachtgeräthen verwendet. Gemächer des kurfürstlichen Schlosses und des 1586 erbaueten Stallgebäudes wurden mit Serpentinplatten, die mit weißem Regensburger Marmor zu Mosaikmustern zusammengelegt wurden, zu denen der kurfürstliche Bildhauer und Architekt Nosseni die Zeichnungen lieferte, belegt. Letzterer verfertigte auch aus Serpentin, der in Zöblitz unter seiner Leitung gebrochen wurde, prächtige Credenzgefäße: „13 antiquische Krüge, die Füße von Bildwerk und zierlichen Ornamenten", aber auch gewöhnliche Haus- und Tischgeräthe. Ferner Mobiliar, von denen noch Einiges auf uns gekommen ist, wie z. B. ein mit Serpentin, Crottendorfer und Wildenfelser Marmor fournirtes Positiv, dessen Aufsatz mit vielen Serpentinsäulchen geziert ist, zwei Dutzend im edelsten Renaissancestil unter Nossenis Leitung, zum Theil wohl auch von ihm selbst, geschnitzter Stühle mit Serpentinsitzplatten, deren Fläche durch eingeschnittene und mit einem schwarzen Kitte ausgefüllte Arabesken belebt sind Sie tragen Namen und Titel Kurfürst Christian I. und waren ursprünglich für die Gemächer des Stallgebäudes bestimmt, befinden sich aber jetzt, sammt jenen Positiv im historischen Museum.

Zum Ausbau des Schlosses Lichtenburg, bei Prettin, das 1580 aus einem alten Kloster entstand, lieferte Nosseni ebenfalls viele Serpentinarbeiten.

Der sehr baulustige Kurfürst Christian I. beschloß, den schon von seinem Vater beabsichtigten Umbau des Freiberger Domchors zu einer Begräbnißkapelle seines Hauses, auszuführen und ließ dazu 1588 neben Marmor und Alabaster auch viel Serpentin brechen, aus welchem der geschickteste der Zöblitzer Steindreher — Barthel Börner — jene schon erwähnten, schön gegliederten und sehr sauber gearbeiteten corinthischen Säulenfüße drehete. Er empfing dafür einen gleichen Wochenlohn mit den neben ihm am Bau beschäftig-

ten deutschen Steinmetzen, nämlich 10 Gulden; während die eben=
falls am Bau angestellten italienischen Steinmetze und Bildhauer
den ihrigen auf 15 Gulden brachten. Der Bericht des Vormeisters
Mathäus Illigen gedenkt seiner mit folgenden ehrenden Worten als
eines Förderers der Steindreherkunst: „ist also darnach (nach Er=
findung des Steindrehens) immer was Neues erdacht worden und
einer den andern übertreffen wollen, wie denn viel hat darzu ge=
holffen Bartel Bierner der Eltere der fast die andern alle über=
troffen, sind aber als (Alle) Zöblitzer Kinder gwest, daraus abzu=
nehmen, daß unser liebe Gott das alt Bergstättlein auß sonder=
licher Gnade damit versehen hat."

Zu gleicher Zeit wurde mit dem Materiale für den Ausbau
der Begräbnißcapelle auch viel Serpentin= und Marmorwerk zur
Ausschmückung des sogenannten Lusthauses in Dresden ausgearbeitet,
dessen Verwendung freilich durch den frühzeitigen Tod Kurfürst
Christian I. bis in das folgende Jahrhundert verschoben wurde. In
diesem kleinen Prachtbaue, der die Stelle des jetzigen Belvedere auf
der Brühlschen Terrasse einnahm, waren die Fußböden mit Serpentin=
und weißen Marmorplatten belegt; die Säulen standen auf serpen=
tinenen Füßen und diese auf Alabaster=Postamenten, mit eingelegten
Serpentinfüllungen verziert; auch waren alle Decken der Geländer
von Serpentin.

Im Juni des Jahres 1583 schrieb Hans Heinitz, der Schösser
des Amtes Lauterstein, zu welchem Zöblitz gehörte, nach Hofe, daß
er 48 Stück große Serpentintafeln habe fertigen lassen, daß sich
aber der Bruch abgeschnitten, und daß man einen neuen Anbruch
zur Zeit noch nicht habe finden können. Er schicke den ältesten
Steinbrecher, Mathes Brünnel mit den Tafeln nach Dresden, da=
mit er über den Zustand der Brüche Bericht erstatten möge.

Diesen erschöpften Bruch haben wir uns als einen jener
ältesten, von denen wir Kenntniß haben, im Westen der Stadt
Zöblitz am Wege nach Lauterstein belegenen zu denken, von denen
einer, der 1577 einen Serpentinblock von 30. Ctr. Schwere ge=
liefert haben soll, die Münzgrube hieß. Auf dem westlichen Aus=
gehenden des Serpentinlagers angesetzt, waren sie von der mächtigern,
östlichen Fortsetzung desselben an der Haardt durch die Stadt Zöblitz
abgeschnitten, es mußte so mit der Zeit das eintreten, was der
Schösser berichtet. Leicht konnte dann das Ausgehen des Steins
im Westen zur Entdeckung desselben im Osten, an der Haardt, hin=
drängen, und so können wir denn mit großer Wahrscheinlichkeit jene
Entdeckung in diese Zeit verlegen, obgleich Steinbach dieselbe, ohne
jedoch seine Quelle anzugeben, erst in das Jahr 1609 setzt.

Die Serpentinlagerstätte ist immer als Eigenthum der Ge=
meinden Zöblitz und Ansprung, von deren Territorium sie einen

Theil einnimmt, betrachtet worden. Erst im 17. Jahrhunderte ent-
wickelten sich das monopole Abbaurecht der neugegründeten Serpentindrechslerinnung und gewisse landesfürstliche Vorrechte darauf. Daß
letztere im 16. Jahrhunderte noch nicht beansprucht wurden, beweist
die Urkunde über den Kauf der niederen Herrschaft Lauterstein,
(mit Zöblitz), den Kurfürst August 1569 mit der Familie v. Berbisdorff abschloß; alle Rechte des Grundherrn auf Eisenstein und
andere Gruben, Harzwälder, Jagdgründe u. s. w. werden darin
gewissenhaft aufgezählt und übergeben, der Zöblitzer Serpentinbrüche
geschieht aber nirgends Erwähnung.

War der kurfürstliche Hof zu Bauten oder Anfertigung von
Tafelgeschirre und Geräthen Serpentins benöthigt, so kaufte er
denselben entweder von den Serpentindrechslern oder ließ ihn auf
Anordnung Nosseni's und unter Aufsicht des Lauterstein'schen Schössers
auf eigene Kosten brechen. Dies geschah auch manchmal für befreundete fürstliche Personen; so sendet Catharine, Markgräfin von
Brandenburg die „etzliches Serpentinsteines zu allerhand Arbeit
bedarf" 1580 einen Lakaien an Kurfürst August, der denselben mit
einem Befehle an den Schösser nach Zöblitz abschickt: „ihm die
Brüche zu zeigen, auch Leute zu verschaffen, den Stein zu brechen."

Mit dem Beginne des 17. Jahrhunderts nahm die Fabrikation
der Serpentinwaaren und der Handel mit denselben einen so bedeutenden Aufschwung, daß sich, wie aus den Einträgen in die Zöblitzer
Kirchenbücher hervorgeht, zwei Drittel der ganzen Bevölkerung der
Stadt damit beschäftigten. Sieben Brüche waren nach einem Berichte Nosseni's in dieser Zeit im Gange, die von den Steindrechslern selbst bearbeitet wurden. In welcher Weise dies jedoch
geschah, darüber gibt eine von Richter und Schöppen der Stadt
Zöblitz im August 1613 an Kurfürst Johann Georg I. gerichtete
Beschwerde- und Bittschrift Aufschluß. Sie klagen darin, daß
unter den Serpentindrechslern Unordnungen eingerissen wären, indem
ein Jeder in den Brüchen seines Gefallens brechen wolle, wodurch
dieselben verkrüppelt und das gute Gestein durch den Abraum des
wilden verschüttet würde, „dannenhero zwischen ihnen allerhandt
Spähn undt Widerwillen sich begeben, sondern ist auch zu besorgen
gewesen, daß die Gemeine inskünftig merklichen Schaden an den
Einkommen von denen Serpenthin-Brüchen wegen solcher unordnung
haben wirdt." Um nun diesem Unwesen zu steuern, hätten sie mit
des Hauptmanns Caspar von Berbisdorff und des Schössers zum
Lauterstein Willen und Vorbewußt, eine Bruchordnung entworfen,
welche sie beilegen und um deren Bestätigung sie bitten. Dieselbe
bestand aus folgenden acht Punkten.

„Ordnung der Serpenthin Drechßelere im Stättlein Zöblitz angeordent und uffgerichtet am 4. May 1613.

1. Soll ein Jeder, er arbeite viel oder wenigk Jherlichen, wie auch bißhero geschehen, ein halben fl. Zinse der Gemeinde auff die Gemeine Rechnung gebenn vnbt enbtrichtenn.

2. Es sollen zu jberzeyt drey vnter Ihnen zu aufffehern der Brüche von den Gerichten verordent werden, wie benn izo George Bründel, Barthel Bergk, vnd Elias Schiffel darzu bestellet seyn, die sollen bey ihren Pflichten die Brüche in guthe Acht nehmen, darmit alle vnordnung möge vermieden werden vnd bo sie in einem oder dem andern etwas so folgenden Articuln zu wider wird vorgenommen vermerken, sollen sie dasselbe alßobaldt den Gerichten anmelden vnd bo sie in Ihrem Ampt nachlessigt erfunden werden, Soll ein Jder j Thaler zur straffe geben, darvon einer dem Ampte, einer den Gerichten und einer den Serpenthin Drechßelern erfolgen soll. Es sollen auch die Serpenthin Drechßlere in allen was die Steinbrüche vnd das Brechen anlangt denselben gehorsamb seyn, Welcher sich darwider setzt, soll j Thaler ins Ampt vnd den Gerichten Jder den halben Theil zur Straffe gebenn.

3. Wenn einer will Brechen, soll er es den verordenten auffsehern ansagen, welche es den andern sollen anmelden ob sie alle oder eines theils mit brechen wollen, Vnd bo sich nur etliche oder alle des brechens verglichen, sollen nachmals die gebrochenen Steine durchs Loß vnter dieselbigen getheilt werden, Wolle aber keiner mitbrechen, soll der so des Serpenthins benöthiget, vor sich allein brechen, damit keiner des steins möge mangeln, Es soll aber keiner wenn sie brechen ganz vnbt gar keinen Stein weder klein noch groß mit sich hereintragen, sich auch wenn sie auffhören mit brechen des suchens in den halben genzlich äußern, sondern was tüchtigt zum Hauffen der guten Steine schaffen, welcher darwider thut, soll j Thaler halb ins Ampt vnd halb den Gerichten zur Straffe geben.

4. Welcher sich ohne wießen der auffseher in die Brüche machet viel oder wenigk aus denselben brechen wirbt, der soll 2 Schock zur straff erlegen, darvon der halbtheyl den Gerichten und das übrige den verordenten auffsehrn, oder in mangelung Geldes mit Acht tage gefengtnus gestraffet werden soll.

5. Das wilde gestein soll an einen besondern Ort versturzt werden.

6. Es soll keiner keinen Rohenstein weder viel noch wenigk außerhalb des Stättleins oder auch im Stättlein so nicht in dieser Ordnung sein, verkauffen noch zuwenden oder denselben hinter der Gerichte vorwissen in andere Wege wie es mag Nahmen haben verhanblen, bey straffe j Thaler halb ins Ampt vndt halb den Gerichten zu erlegen, So soll auch in kegentheyl bey ermeldter straffen keiner keinen Rohenstein von andern so mit vnter dießer ordnung

seyn, annehmen oder lauffen sondern so Ihnen derselbige wird angeboten, sollen sie denselben den auffsehern oder Gerichten anmelden, damit die so unbefugter weise Steine verlauffen vnd brechen zur straffe gezogen werden.

7. Es soll kein frembder, weder izo noch künftig in dieses Handtwerg genommen oder dasselbe zu lernen zugelassen werden vnd welche izo darauff arbeiten dieselbigen sollen sie zwischen hier vnd den nechstkünfftigen Sontagk Laetare gentzlichenn Abschaffenn bey straffe j guthe Schock, Ein theyl in's Ampt, Ein theyl den Gerichten, Ein theyl den andern Serpenthin Drechßlern zu erlegen. So soll auch keiner bey ermeldter straffe von dato ahn in zweyen Jahren keinen Lehrjungen setzen und ahnnehmen auch so sie derenselbigen izo haben, dieselben gleichfalls Abschaffenn, wie denn zu vorhültung großer vnordnung dem Schmied Abraham Pflugkbeil ahier bei einem guthen Schock halb ins Ampt vnd halb den Gerichten zu erlegen ist aufferlegt, daß er keinem andern dann den nachverzeichneten Geräthe zum Serpenthin Handtwerge scherffen oder von neuen machen soll.

8. Sollen die nachverzeichneten, sie haben andere Handtwerg gelernt oder nicht, Sie seyen in Zünfften oder nicht bey dem Handtwerge der Serpenthin Drechßler bleiben vnd gelaßen werden, doch dergestalt vnd also, wenn sie wieder zu ihrem vorigen Handtwerge schreiten, viel oder wenigk auff denselbn arbeiten, daß sie des Serpenthins zu arbeiten sich nachmahls gentzlichenn äußern vnd zu diesem Handtwerge nicht wieder sollen gelaßen werden. So aber Einer oder der Andere an unsers gnedigsten Herrn oder Kirchen-Gebeuden gebraucht würde soll es ihm am Serpenthin Handtwerge vnvorfengklichen sein".

Es folgt nun ein Verzeichniß der Namen der 20 Meister, die damals der Innung angehörten.

Die erbetene Confirmation erfolgte am 30. September 1613 unter dem gewöhnlichen Vorbehalte des Landesfürsten: „seines Gefallens die Ordnung mindern, mehren, ändern und gänzlich aufheben" zu können.

Wir ersehen aus dieser, ohne Hinzuziehung der Serpentindrechsler festgestellten Ordnung, daß die Innung derselben, die einzige ihrer Art auf der ganzen Erde, schon zu Anfang des 17. Jahrhunderts bestand; dies wird auch durch das ältere Handwerkssiegel, von dem ich hier eine Abbildung beifüge und dessen Umschrift durch die Form seiner Buchstaben auf das 16. Jahrhundert deutet, bestätigt.

Die Bestimmung, daß kein außerhalb des Innungsverbandes Stehender Serpentin brechen und verarbeiten dürfe, galt übrigens nur für die Fabrikation von Handelswaaren, denn die Gewinnung und Anwendung von Serpentin zu monumentalen und architektonischen Zwecken war mit in dem Privilegium begriffen, welches Nosseni unterm 22. Januar 1590 als Anerkennung seiner Verdienste um die Aufsuchung und Bearbeitung von Marmor und Alabaster von Kurfürst Christian I. erhalten hatte. Ursprünglich auf 20 Jahre ertheilt, wurde dasselbe, als es 1610 ablief, von Johann Georg I. auf die Lebenszeit Nosseni's ausgedehnt. Kraft dessen war es ihm allein gestattet: Marmor, Serpentin, Alabaster, Jaspis, Bergkristall und Amethist im Bereiche der sächsischen Lande zu erschürfen, zu brechen und selbst zu verarbeiten oder außer Landes zu verführen; beim Serpentin natürlich mit der auf das Recht der Drechßlerinnung begründeten Ausnahme. Wurde für Rechnung des Hofes Stein gebrochen, so geschah dies, wie wir schon sahen nach seiner Anordnnng.

Nach seinem Tode (am 20. September 1620) bewarben sich zwar der Maler Joachim Schreivogel und Andere um das erledigte Privilegium, der Kurfürst zog es aber vor, dasselbe bis zum Jahre 1629 ruhen zu lassen, wo dann der Ritter Melchior von Schwalbach, General und Obrister über die Artillerie auf seine Lebenszeit damit begnadigt wurde.

Im Jahre 1617 hatte Kurfürst Johann Georg I. den 1590 unter seinem Vater Christian I. zwar begonnenen, aber bald nach dessen Tode wieder liegen gelassenen Bau des Lusthauses zu Dresden wieder aufgenommen und war mithin der Marmor- und Serpentinbrüche, die das Material dazu liefern sollten, selbst benöthigt. Es wurden deshalb alle Schösser, in deren Aemtern sich dergleichen Brüche befanden, angewiesen, streng darauf zu halten, daß sich Niemand „brechens in denselben anmaße". Dem Schösser zu Lauterstein wurde aber in einem Rescripte vom 24. Oktober 1620 noch außerdem befohlen, dahin zu sehen, daß, wenn die Steinbrechßler zu ihren Arbeiten Serpentin brächen, sie alle zu Gebäuden tauglichen großen Blöcke für den Hof aushielten. Dieser des augenblicklichen Bedürfnisses wegen gegebene Befehl sollte für die Serpentindrechsler noch sehr verhängnißvoll werden! Auf ihm beruht das später ihr Gewerbe so sehr hemmende Regal. Bis zum Jahre 1836 hatten die Serpentindrechsler von da an alle Blöcke, die beim Brechen ³/₄ Ellen ins Quadrat und 3 Zoll dick ausfielen, die sogenannten Regalstücke, unentgeldlich anfangs nach Dresden, später in den 1654 besonders dazu erbauten „Regalschuppen, oder das Steinhaus" abzuliefern, wo dieselben gewöhnlich viele Jahre hindurch, der Verwerthung entzogen, aufgesammelt wurden, weil der Hof ihrer zu Bauten nicht mehr bedurfte. Nun umgingen zwar die Drechsler die Ablieferung der Regalstücke gewöhnlich dadurch, daß sie dieselben schon beim Gewinnen zerschlugen, so daß selten mehr als zwei Stück jährlich zur Ablieferung gelangten*), immerhin wurden sie aber dadurch an der Ausführung größerer Arbeiten gänzlich gehindert, bis zu Anfange des 19. Jahrhunderts der Verkauf der Regalstücke eingeführt wurde.

Doch kehren wir zum 17. Jahrhundert zurück. Nach Nosseni's Tode wurde sein Schüler, der Hofbildhauer und Architekt Sebastian Walther, der schon vorher mit dem Baue des Lusthauses betrauet worden war, zum Inspektor über alle Marmor-, Serpentin- und Alabasterbrüche in Sachsen ernannt und im Juni 1621 als solcher verpflichtet. Unter ihm stand der im Februar 1624 zum Aufseher der kurfürstlichen Serpentinbrüche am breiten Berge bei Waldheim bestallte Hans Börner aus Zöblitz. Diesem legte seine Bestallung auf, nicht allein nach Walthers Angabe alle für den Gebrauch des Hofes erforderlichen Serpentingefäße und Geräthe anzufertigen, sondern auch alle Serpentinwaaren, die er außerdem für den Handel fabricirte, dem Hofe zum Vorkaufe anzubieten; eine Verpflichtung, die sehr bald auf sämmtliche Serpentindrechsler ausgedehnt wurde.

Die Waldheimer kurfürstlichen Brüche wurden bald darauf wegen der Härte des Gesteins aufgegeben und Börner nach Zöblitz zurückversetzt, um dort die Aufsicht über die damals schon im Betriebe stehenden kurfürstlichen, nach der Farbe seines Steins sogenannten rothen Bruch zu führen und das neubegründete Regal in den Zöblitzer und einigen im Gange befindlichen Waldheimer Gewerkenbrüchen wahrzunehmen. Als er 1648 starb, machte man den Versuch, die Aufsicht über die Serpentinbrüche nach Vorschrift der Bruchordnung wieder den Vormeistern der Drechslerinnung zu überlassen. Diese waren aber so wenig im Stande, sich bei ihren Mitmeistern die nöthige Autorität zu verschaffen, daß man sich schon 1651 genöthigt sah, Einen von ihnen — Daniel Schieffel —

---

*) Das Maximum derselben — 10 Stück — wurde im Jahre 1742, zur Zeit der höchsten Blüthe des Gewerbes eingeliefert: in nicht wenig Jahren ging aber auch nicht ein einziges ein.

zum kurfürstlichen Aufseher, oder wie er sich später unterschreibt: „Inspektor derer Serpentinbrüche" unter der Oberaufsicht des beim Lusthausbaue angestellten Architekten, des Zeugmeisters von Liebenau, einzusetzen. Er wurde in seiner Bestallung ausdrücklich schon damit beauftragt, von allen ihm von den Drechslern vorzulegenden Stücken die auszuwählen, welche ihm für den Gebrauch des Hofes geeignet erschienen, und dieselben dann einzusenden. Unter seinen Auspicien erweiterte die Drechsler-Innung, bestehend aus 3 Vormeistern und 12 Mitmeistern, die Bruchordnung durch Anwendung des sächsischen Muthungsrechtes auch auf Serpentinbrüche. Sie beschlossen im Juni 1661, daß hinfort Niemand für einen Andern einschlagen solle, es wäre denn „der in Meisters Arbeit stehet". Wenn ein Handwerksmeister einen Steinbruch „erfindet", soll er der Erste im Felde sein, und ihm freistehen, sein Maß von 12 Ellen ins Gevierte hinlegen zu lassen, wo er will, und soll alsobald seinen Muthgroschen erlegen. Was aber im währenden Jahre gelöset würde und darinnen nicht gearbeitet, soll ihm (dem Muther) das gelöste Feld offen bleiben bis Pfingsten nächsten Jahres, dann aber verfallen sein.

Sein Nachfolger wurde der im September 1662 zum Aufseher der Crottendorfer Marmorbrüche ernannte August Illigen, der unter dem Oberbefehle des „geheimen und Kriegsraths, Kammerpräsidenten, Kammerherrn und Landeshauptmann der Ober-Lausitz von Haugwitz und des Ober-Landbaumeisters von Klengel gestellt wurde, an welche hohe und höchste Personagen er monatlich Listen über den Bestand an Regalstücken einzusenden hatte.

Im April des Jahres 1665 legte eine kurfürstliche Verordnung der Serpentin-Industrie eine neue beengende Fessel an. Wie der Ober-Landbaumeister Klengel dem Inspektor Illigen anzeigt, sollte fortan den Drechslern verboten sein, rothen Serpentin zu brechen und denselben für jemand anders als den Kurfürst zu verarbeiten bei 6 Thaler Strafe und Verlust der Waaren. Bald nachher erhielt Illigen Geld angewiesen, um die seit langen Jahren unbenutzt gebliebenen rothen Brüche wieder in Stand zu setzen und aus dem gewonnenen rothen Steine unverzüglich Tafelservice und andere Geschirre für die Hofhaltung zu fertigen.

Das Jahr 1665 wurde für das Serpentindrechslergewerbe noch von besonderer Wichtigkeit dadurch, daß in ihm alle Meister desselben sich dahin einigten, an die Stelle der alten, einseitigen Bruchordnung, deren confirmirtes Original im 30jährigen Kriege durch Brand vernichtet worden war, förmliche Innungsartikel zu setzen, die im exclusiven Handwerksgeiste jener Zeit abgefaßt, alle Serpentindrechsler zu einer festgegliederten Zunft verbinden sollten. Die ursprünglichen 8 Artikel der Bruchordnung wurden beibehalten und durch neue, wie sie die Constitution einer Zunft erheischte, bis auf 57 vermehrt, welche unterm 9. Juli 1665 die kurfürstliche

Bestätigung erhielten. Die vollständige Urkunde hier mitzutheilen, würde zu weitläufig sein, zumal viele der Artikel von denen anderer Zünfte, die in neuerer Zeit veröffentlicht worden sind, nicht wesentlich abweichen; es möge deshalb hier nur das unserer Zunft Eigenthümliche, das zu den Artikeln hinzugekommen ist, kurz erwähnt werden.

Art. 3. Ein kurfürstlicher Serpentin - Inspektor steht der Innung vor.

Art. 4. Es sollen nur geborne Zöblitzer zu Lehrlingen angenommen werden, deren Vater in Zöblitz seßhaft ist. Die Lehrzeit ist auf 3 Jahre festgesetzt. Ein Meister darf, nachdem er einen Lehrling ausgelernt hat, erst zwei Jahre nachher einen andern wieder annehmen; war der Lehrling indeß ein Meistersohn, ein Jahr nachher.

Art. 12. Kein Meister darf mehr als zwei Gesellen auf einmal fördern (beschäftigen).

Art. 15. Nur ein Geselle, der zwei Jahre als solcher gearbeitet hat, kann Meister werden, es sollen jedoch jährlich nur zwei, die nicht Meistersöhne sind, zu Meistern gemacht werden.

Anmerk. Die Wanderschaft der Gesellen, die bei allen andern Handwerken dem Meisterwerden vorauszugehen hatte, fiel natürlich bei den Serpentindrechslern fort; stand ja doch ihre Innung als die einzige in der Welt da. Dieser Umstand wirkte aber sehr nachtheilig auf die Ausbildung der Gewerbsgenossen ein, weil so jede Anregung durch Vergleich eigner Leistungen mit denen anderer Gegenden fehlte, und der im engen Kreise eines armen Gebirgsstädtchens geborene und erzogene Meister nur zu leicht in einen selbstgefälligen Schlendrian verfiel.

Art. 19. Das Meisterstück soll bestehen aus einer Kanne (Bierkanne), einem Gießbecken sammt Gießkanne und einem gedoppelten Stück; Alles von untadelichem, ganzen Serpentinstein, auch zierlich und fleißig polirt, im Maße und Größe als vorgegeben und die Stücke leiden.

Anmerk. Von einem solchen „gedoppelten Stück" oder Scheuern, wie dieselben auch in edlen Metallen ausgeführt, aus dieser und früherer Zeit häufig vorkommen, besitzt das historische Museum ein Exemplar: das Handwerkssiegel der Serpentindrechsler zeigt auch die Abbildung eines solchen. Es besteht aus 3 Stücken: zwei Kelchen und einer Mittelplatte mit Rand, zum Zusammenhalten jener beiden.

Ehelichte aber ein Geselle eines Meisters Tochter oder Wittwe, so hatte er nur eine Kanne und ein gedoppeltes Stück als Meisterstück zu

2*

machen, war er noch obendrein ein Meisterssohn, nur ein gedoppelt Stück. Beide genossen außerdem eine Erleichterung in Entrichtung der Gebühren und Erlaß des von andern Gesellen geforderten Meisteressens. Diese ungerechte Bevorzugung hatte zur Folge, daß gewöhnlich alle Söhne eines Serpentindrechslers das Gewerbe des Vaters erlernten, wodurch häufig die Innung überfüllt wurde.

Das Meisterstück mußte vom Inspektor beurtheilt werden.

Art. 34. Stöhrer (Solche, die sich nicht zur Innung hielten), die sich in der Stadt oder den umliegenden Dörfern in Serpentin-arbeiten betreten lassen, sollen, wenn sie gleich das Handwerk redlich gelernt haben, doch um 10 Reichsthaler oder mit Gefängniß be-straft werden.

Art. 38. Zu den jährlich abzuhaltenden Quartalen sollen die Meister „ohne jeglich Gewehr unwegerlich" erscheinen. Erregt ein Meister bei offner Lade einen Zank, so soll er das Bierfaß, das zu jedem Quartale für einen Theil der Strafgelder gefüllt zur Zeche aufgelegt wurde, so weit es ausgetrunken, mit tüchtigem Biere wieder auffüllen.

Art. 45. Jeder Handwerksmeister soll seine gefertigte Waare, ehe er sie an Fremde verkauft, zuerst dem Inspektor zur Auswahl für den Hof und dann erst noch den in Zöblitz einheimischen Händ-lern anbieten.

Art. 46. Bleibt ein Kaufmann einem Drechsler für gelieferte Waaren Geld schuldig, so darf kein Meister, nach geschehener An-meldung des Falls beim Inspektor, für Jenen etwas arbeiten, bis derselbe seine Schuld gelöscht hat.

Art. 47. Partirerei der Händler mit Gesellen und Lehrlingen ist bei strenger Strafe verboten.

Art. 52. Hat ein Meister ein Kühlwännel oder anderes großes Stück zu machen, so soll er zuvor dem Inspektor den dazu bestimmten Stein, ob es etwa ein Regalstück sei, vorzeigen.

Art. 54. Alle sich in den Brüchen erhebenden Streitigkeiten sollen von dem Inspektor und den Vormeistern beigelegt werden.

Art. 55. Auf Erfordern des Inspektors soll sich ein jeder Meister willig finden lassen, für billige Bezahlung in den Brüchen, wenn für den Hof gebrochen wird, zu arbeiten.

Art. 57. Wer ganze Tafelstücken von ³/₄ Ellen ins Gevierte und darüber zerschlägt oder verarbeitet, soll um 10 Thaler gestraft werden.

Zum Schluß wird August Illgen als Serpentin-Inspektor bestätigt und den jetzigen und zukünftigen Haupt- und Amtleuten zum Lauterstein befohlen, die Serpentindrechsler bei ihren vom Kurfürsten confirmirten Artikeln zu schützen und bis an den Kur-fürsten zu „handhaben". Die Confirmation ist vom 19. Juli 1665 datirt.

Beim Regierungsantritte Johann Georg III. erlangte die Innung mehrfache Milderung zu harter Artikel; so die des fünf= und vierzigsten, den Serpentinhandel so sehr hemmenden Artikels dahin, daß fortan die Drechsler nur auf specielles Verlangen des Kurfürsten gehalten sein sollten, ihre Waaren dem Inspector zum Verkauf für den Hof vorzulegen. Ferner kamen die Competenz und die Emolumente des Inspektors in vielen von den Artikeln bestimmten Fällen in Wegfall, z. B. sollten Bruchangelegenheiten — meist Streitigkeiten beim Brechen — von da an nur allein von den Innungs=Vormeistern entschieden werden oder bei deren Unvermögen von den Stadtgerichten, auch erließ der Hof den Drechslern die Verpflichtung, zu jeder Zeit für ihn Stein brechen und verarbeiten zu müssen. —

Um den unter der Regierung des prachtliebenden Johann Georg II. bekanntlich sehr zerrütteten finanziellen Verhältnissen Sachsens in etwas aufzuhelfen, schlug der schon erwähnte Kammerpräsident von Haugwitz unter anderem auch vor, die Marmor= und Serpentinbrüche zur Vermehrung der Kammerintraden zu benutzen. Unter Mitwirkung des Ober=Landbaumeisters Klengel gelang dies mit den Produkten der Marmorbrüche ganz gut; ein lebhafter Handel damit, der sich bis nach Holland und England ausdehnte, lohnte reichlich die aufgewandte Mühe. Um nun den in letzterer Zeit sehr zurückgegangenen Handel mit Serpentinwaaren in gleicher Weise wieder zu beleben, schlug im März 1667 der Inspektor Illigen dem Kurfürst die Errichtung einer Faktorei vor, an welche alle Drechsler ihre Fabrikate abzuliefern haben sollten. Nur die bessern unter letzteren sollten dann in den Handel gebracht werden, die schlechten aber vernichtet werden, da es vorzüglich galt, den sehr gesunkenen Credit der Serpentinwaaren beim Publikum wieder zu heben. Der Vertrieb der für gut befundenen Waaren sollte einzig und allein vom Faktor ausgehen, dessen Funktionen er selbst zu übernehmen sich erbot.

Die Forderung eines Vorschusses von seiner Seite war wohl die Ursache, daß man anfangs auf seinen Vorschlag nicht einging.

Als er 1687 denselben wiederholte, auch die Vormeister der Innung in einem Schreiben an den Kurfürsten selbst darüber klagten, daß durch liederliche Arbeit die Serpentinsteinwaaren so in Verruf gekommen seien, daß Abhülfe, solle anders der Ruin des Städtchens Zöblitz abgewendet werden, bringend nöthig sei, so erhielt er, der Inspektor, die Zusicherung eines Vorschusses von 700 Gulden und der Lautersteinsche Schösser Befehl, über die Einrichtung der Faktorei sich mit den Drechslern in Vernehmen zu setzen. Es fand sich aber hierbei, daß die Mehrzahl der letzteren sich unter Berufung auf ihre Innungsartikel entschieden weigerte, ihr freies Verkaufsrecht zu Gunsten einer kurfürstlichen Faktorei aufzugeben, so daß von

der Begründung einer solchen Anstalt abgesehen werden mußte, obgleich schließlich Jügen auf den Vorschuß verzichtete und sich sogar
zur Zahlung eines jährlichen Schutzgeldes von 50 Gulden erbot.

Die Drechsler hatten übrigens schon früher den Versuch gemacht, einen Umschwung zu Gunsten ihres Gewerbes zu bewirken,
indem sie 1681 beim Kurfürst bittschriftlich darum eingekommen
waren, daß es ihnen gestattet werden möchte, rothen Serpentin auf-
zusuchen und zu verarbeiten, um so durch Farbenabwechslung aufs
Neue die Augen des Publikums auf ihre Waare zu ziehen. Sie
erhielten diese Erlaubniß um so bereitwilliger, als sie schon in
frühern Zeiten, nahe den kurfürstlichen rothen Brüchen, die sogenannten rothen Meisterbrüche betrieben hatten, die jetzt, wo jene schon
seit einer Reihe von Jahren unbenutzt lagen, durch das ihnen aus
denselben zufallende Wasser unzugänglich gemacht wurden.

Schon im Jahre darauf (1682) berichten Richter und Schöppen der Stadt Zöblitz, daß die Serpentindrechsler zwischen zweien
kurfürstlichen Brüchen einen neuen, bunten Bruch eröffnet haben,
dessen Ausbeutung diesen auch unter der Bedingung frei gegeben
wird, daß sie sich verbindlich machen, alle größern daraus zu för-
dernden Blöcke in das kurfürstliche Steinhaus abzuliefern.

Nachhaltend emporgebracht ward die Serpentinindustrie indeß
erst gegen das Ende des 17. Jahrhunderts durch den sich immer
mehr ausbreitenden Gebrauch des Kaffees, des Thees, des Tabaks
und der Chocolade, indem ihr durch denselben eine Menge neuer
Gefäße- und Geräsheformen zugeführt wurden. Ein von der Innung
am 4. Juni 1694 zur Norm für Drechsler und Händler festgestell-
ter Preiscourant läßt bereits eine ziemliche Vermehrung der aus
Serpentin zu fertigenden Artikel bemerken und verbreitet sich über
ein Sortiment von neuen, nach Gestalt und Größe sehr mannich-
faltigen Formen, als: Tabaksbüchsen, Tabatièren, Thee- und Choco-
ladenzeug (Kannen und Tassen), aber auch von früher gebräuchlichen Tisch- und Hausgeräthen: Schüsseln, Tellern, Löffeln, Pokalen,
Bierkrügen, Flaschen, Leuchtern, Lichtscheeren, Mörsern, herunter bis
zu Fingerhüten. Die Preise sind dabei sehr niedrig und entsprechen
ziemlich genau den jetzigen des ordinärsten Porzellans.

Diese Blüthe des Gewerbes entfaltete sich, durch die Concurrenz anderer Industrien noch wenig beschränkt, bis in das folgende
Jahrhundert hinein jedes Jahr kräftiger; immer größer wurde die
Zahl der Geräsheformen, die in das Bereich seines Materials gezogen wurden, so daß zu Ende des 17. und in der ersten Hälfte
des 18. Jahrhunderts die durch Hausirhandel über ganz Deutschland und die angrenzenden Länder verbreiteten Serpentinwaaren
sich einer Popularität erfreueten, von der wir uns gegenwärtig
kaum eine richtige Vorstellung zu machen vermögen.

In der Architektur wurde der Serpentin in der letzten Hälfte des 17. Jahrhunderts, wie es scheint, nicht sehr häufig angewendet; doch bildete der Stammvater Johann der berühmten Bildhauer-Familie Böhme in Schneeberg kunstvoll aus ihm in Verbindung mit Alabaster 1652 die Altäre der Kirchen zu Wolkenstein*) und Groß-Olbersdorf, und es wurden bei der von Johann Georg II. um's Jahr 1676 angeordneten, dem Glanze seines Hofstaates entsprechenden Verschönerung des Dresdner Schlosses, das sogenannte Rathszimmer und andere Gemächer desselben mit Fußböden, Täfelungen und Säulenwerk aus Marmor, Serpentin und Alabaster reich ausgestattet.

Der Marmor- und Serpentin-Inspektor August Illigen starb im Jahre 1680 und es wurden erst am 8. März 1682 die Funktionen desselben auf seinen Sohn August Illigen jun. übertragen, welcher sie bis zu seinem Tode, im Juli 1700, unter der Oberaufsicht des Kammer- und Bergdirektors und der Kammer- und Bergräthe ausübte. Ihm folgte Johann Zollmann, der 1714 starb, worauf die Stelle bis zum Jahre 1726 unbesetzt blieb, wo sich der Vormeister der Serpentindrechslerinnung Ehrenfried Friedrich darum bewarb, dem sie auch im März desselben Jahres gewährt wurde. Seine Vorgänger die zugleich Inspektoren der Marmorbrüche gewesen waren, hatten einen jährlichen Gehalt von 160 Gulden bezogen und daneben den Genuß vielfacher Emolumente gehabt, die bloßen Serpentininspektoren aber, deren Reihe Friedrich eröffnete, mußten sich hinfort mit einem Jahrgehalte von 20 Meißnischen Gulden (17½ Thaler), einer Tantième von 10 Procent des Werthes der eingelieferten Regalstücke und einiger geringer Accidentien, die bei den Quartalen der Innung abfielen, begnügen.

Der Anfang des 18. Jahrhunderts war für Sachsens Industrie und Handel eine schwere Zeit, nicht allein daß die zur Behauptung Polens andauernd geführten Kriege den Handel lähmten und, wie besonders auch der Einfall Karls XII., das Land auf das Aeußerste aussaugten, es geriethen auch Gewerbe und Fabriken durch Einführung der Generalaccise sehr in Verfall, wie dies in zahlreichen Memorialen aus jener Zeit von Städten und Innungen lebhaft beklagt wird. Die Serpentinindustrie scheint indeß von der allgemeinen Calamität weniger berührt worden zu sein als andere Gewerbe, z. B. die Weberei, die es im Auslande nicht mit der Concurrenz ihrer weniger gedrückten Rivalen aufzunehmen vermochten, während ihr selbst noch keine Nebenbuhlerin ernstlich drohte. Zwar begann 1710 die neuerrichtete Porzellanmanufaktur zu Meißen ihre Waaren auf den öffentlichen Markt zu bringen, doch thaten diese

---

*) Wurde schon 1687 durch einen Brand der Kirche wieder zerstört.

ebensowenig als schon früher das chinesische Porzellan, wegen ihres hohen Preises dem Serpentin irgend welchen merklichen Abbruch.

Die Thätigkeit der Serpentinhändler, unter denen besonders einer Namens Hinkel einen ausgebreiteten Handel mit Serpentinwaaren nach Frankreich, Italien, Rußland, Schweden und den Niederlanden trieb, wendete sich mehr und mehr dem Auslande zu. Doch wurde auch in Sachsen selbst die durch Kunstsinn geleitete und veredelte Verschwendungssucht König August I. (des Starken) zu einer Quelle reichlichen Verdienstes auch für die Serpentindrechsler, die unter Leitung des Inspektors Friedrich viel mit dem Brechen und Bearbeiten des Serpentins beschäftigt wurden. Dabei gewährte ihnen ein königliches Special-Rescript gleich den Künstlern und Bergleuten, völlige Militärfreiheit und genossen sie derselben bis zum Jahre 1836, wo trotz der Remonstrationen und Bitten des damaligen Serpentin-Inspektors, der erste Serpentindrechsler als Rekrut eingestellt wurde.

Im Jahre 1712 bestand die Innung aus 40 Meistern. Sie gab 1714 eine neue Taxe ihrer Fabrikate heraus, die sich jedoch nur durch Vermehrung der aufgeführten Artikel von der älteren unterscheidet, die Preise sind dieselben geblieben; dasselbe gilt von der 1738 festgestellten.

Aermere Meister hatten früher zu kleinen Arbeiten taugliche Steinbrocken auf den Halden der Brüche ausgeklaubt, dies wurde ihnen jedoch 1729 durch einen Zusatz zur Bruchordnung streng verboten, nach welcher es jedem Meister, wollte er anders das Handwerk treiben, zur Pflicht gemacht wurde, an den Brucharbeiten Theil zu nehmen.

Das anfänglich nur auf den rothen Serpentin beschränkte Regal war nach und nach auf alle bunt- und hellgefärbten Varietäten desselben ausgedehnt worden, besonders auch auf den hellgelben Stein, den der sogenannte Zuckerbruch lieferte. Letzterer hörte aber deshalb nicht auf, Eigenthum der Gemeinde Ansprung, auf deren Flur er liegt, zu sein, was sich daraus schließen läßt, daß der Inspektor Friedrich, als er 1727 auf königlichen Befehl 128 Blöcke gelben Steins dort hatte brechen lassen, einen Bruchzins von einem halben meißnischen Gülden an die Gemeindekasse zu entrichten hatte.

Obschon nun diese reservirten „bunten" Brüche nicht oft benutzt wurden, wurden doch alle Vorschläge, dieselben für den Fiskus einträglich zu machen, entweder durch ihre Wiederaufnahme auf seine Kosten und den Verkauf der gewonnenen Steine an die Serpentindrechsler, oder durch ihre Verpachtung an diese, stets zurückgewiesen, und die Innung erlangte 1751 nur so viel, daß die Halden jener Brüche, in Felder zu 12 Ellen ins Gevierte abgetheilt, den einzelnen Meistern gegen Abgabe von $1/3$ der Ausbeute an bunten Steinen zum Ausklauben überlassen wurden.

Bei dem 1739 begonnenen Baue der katholischen Hoftirche fiel den Serpentindrechslern eine ziemlich bedeutende Arbeit zu. Der Architekt Gaëtano Chiaveri, der mit dem Baue betrauet worden war, fand im Serpentine, als einem auf der Drehbank leicht bearbeitbaren Steine, das geeignetste Material für die Docken der zahlreichen Geländer, mit denen der für den Bau gewählte Barok-stil die Kirche reichlich ausstattete. Chiaveri übertrug die Ausführung derselben dem Serpentin-Inspektor Friedrich, mit dem er am 22. September 1740 einen Contrakt abschloß, in welchem Friedrich die erforderlichen 536 Docken zu den Geländern der Emporen zu 4½ Thalern das Stück zu liefern versprach.

Der alte Johannisbruch, den Friedrich durch Bergleute wieder aufnehmen ließ, lieferte das meiste Material dazu, welches unter eine Anzahl Drechslermeister, die theils um Wochenlohn, theils um Stückzahlung arbeiteten, vertheilt wurde. Die leerausgehenden Innungs-genossen waren aber mit dieser Disposition übel zufrieden. Sie verlangten vielmehr, indem sie ihrem Inspektor nachrechneten, daß er sich an jeder Docke mindestens 2½ Thaler zu nutze mache, Alle an diesem so lukrativen Geschäfte in der Weise Theil zu nehmen, daß die Bestellung, mit Umgehung Friedrichs, bei der ganzen Innung gemacht, von den Vormeistern unter sämmtliche Mitmeister gleich-mäßig vertheilt würde. Chiaveri wies indeß dieses Ansuchen zurück und betrachtete den Gewinn Friedrichs als eine billige Entschädigung: „so einem jeden Lieferanten für sein gehabtes risico gar wohl zu gönnen“, übertrug auch 1748 dem Inspektor die Anfertigung von 72 etwas größeren Docken zu den Balluftraden der Altäre, die er ihm gar mit 5½ Thaler das Stück bezahlte. Man hat wohl kaum nöthig lange nach den Gründen zu suchen, warum die Hoftirche die für jene Zeit noch so ungeheure Summe von 2 Millionen Thalern zu bauen gekostet hat.

Inspektor Friedrich schenkte aber auch im Jahre 1750 zum Ausbau der neuen Zöblitzer Kirche die zwei großen Serpentinsäulen, welche, durch vergoldete Capitäle und Füße sehr vortheilhaft hervor-gehoben, den Altar jener Kirche noch heute zieren; die kleinern Säulen an den Beichtstühlen und Emporen sind Geschenke des Stadtgerichtsbeisitzers Ziehnert und einiger Drechslermeister; der aus mehreren Stücken von Serpentin zusammengesetzte Taufstein rührt noch aus dem Jahre 1616 her.

In diese Zeit fällt übrigens die höchste Entwickelung des Serpentindrechslergewerbes in geschäftlicher Beziehung: Die Zahl der Meister war im Jahre 1750 auf 69, im folgenden Jahre auf 72 gestiegen, die alle mit ihren Gesellen und Lehrlingen theils in den Brüchen, theils an den Drehbänken vollauf beschäftigt waren und oft nicht einmal allen Aufträgen genügen konnten. Nicht weniger als 30 Brüche waren nach und nach bekannt und bearbettet worden, von denen aber zu einer Zeit immer nur eine kleine Anzahl in wirklichem Betriebe stand.

Es konnte nicht fehlen, daß diese bedeutenden Erfolge eines Gewerbes, dessen Rohmaterial ein ziemlich verbreitetes ist, auch anderwärts zu Nachforschungen und Versuchen anregen mußten, wie dies auch zu Waldheim und Limbach bei Chemnitz, wenngleich nicht in nachhaltender Weise, geschah.

Im Jahre 1742 war der Besitzer des Rittergutes Limbach, der Obristlieutenant von Schönberg, beim Schürfen nach Kalkstein in einem Gehölze ¼ Meile nördlich vom Dorfe auf Serpentin gestoßen und hatte beim Bergamt Marienberg Muthung darauf eingelegt. Diese Behörde hatte den Anbruch besichtigen und durch den requirirten Serpentindrechsler Müller aus Zöblitz von dort gewonnenem Steine einige Sachen drehen lassen, die den Beweis lieferten, daß jener Stein sich, wenn auch etwas schwierig, verarbeiten lasse und, wie Müller ausdrücklich erklärte, dem Zöblitzer nicht nachstehe. Gegen dieses Gutachten Müllers protestirten aber die Zöblitzer Serpentindrechsler mit ihrem, als Verleger der ärmern Meister in seinen materiellen Interessen freilich sehr bedrohten Inspektor an der Spitze und erklärten den aufgefundenen Stein für „einen wilden Alabaster, der nicht blank gemacht werden könnte", baten auch in einer Supplik an den König im Oktober 1750, daß ihr altes Privilegium nicht durch einen dem von Schönberg ertheilten Abbauconsens verletzt werden möchte. Ihrem Mitmeister Müller verboten sie aber auf das Strengste, sich noch ferner zu Versuchen in Limbach gebrauchen zu lassen.

Das Oberbergamt in Freiberg, vom König aufgefordert, ein Gutachten in dieser Angelegenheit abzugeben, verneinte das angebliche Monopol der Serpentindrechsler=Innung sammt dem darauf gegründeten Verbietungsrechte gänzlich, befürwortete hingegen die Verleihung des neuentdeckten Serpentinlagers an den Obristlieutenant von Schönberg und die Ertheilung der Erlaubniß zur Anlage einer Serpentinwaarenfabrik um so zuversichtlicher, als Inspektor Friedrich früher selbst über Serpentinmangel in Zöblitz und über die Unmöglichkeit, alle eingehenden Bestellungen zur rechten Zeit ausführen zu können, geklagt hatte.

Dagegen stellten die Serpentindrechsler die Ertheilung jener Erlaubniß als eine zu ihrem völligen Ruine führende Maßregel hin, und führten als Beweis an, daß der Limbacher Stein weder das Ansehen von Serpentin habe, noch auch sich „erforderlich tractiren lasse"; würden nun dennoch Geräthe daraus gefertigt und als Serpentinwaaren verkauft, so stünde zu befürchten, daß der Credit des wirklichen, Zöblitzer Serpentins dadurch untergraben würde.

Um die einzelnen Meister davon abzuhalten, zu einer mit Zöblitz rivalisirenden Fabrikanlage die Hand zu bieten, beschloß die

Innung im Februar 1751, daß hinfort jeder Meister, der sich ohne ihre und des Inspektors Erlaubniß nach einem andern Orte Sachsens wenden würde, um dort sein Gewerbe zu treiben, zu einer Geldstrafe von 10 Thalern und zum Verluste des Meisterrechts verurtheilt werden sollte, welches Letztere er aufs neue zu erwerben haben würde, bevor er wieder in Zöblitz arbeiten dürfe. Gänge er aber in oben genannter Absicht in das Ausland, so solle er für immer aus dem Innungsverbande gestoßen werden.

Die Innung stellte nun dem Könige vor, daß noch nicht abzusehen sei, ob sich die projektirte Fabrik in Limbach werde halten können; sollten sich aber Meister von Zöblitz dorthin wenden und beim, doch möglichen, Eingehen jenes Werkes brodlos werden, so könne leicht der Fall eintreten, daß dieselben, einmal von der Innung abgetrennt, sich nach dem Auslande wendeten: nach einem jener Orte, wo von verschiedenen Meistern, beim Feiltragen ihrer Produkte Serpentin entdeckt worden sei, als: im Schönburgischen, Altenburgischen, Blankenburgischen und an andern Orten. Es würde sich dann die Fabrikation von Serpentinwaaren, zum Ruine des Städtchens Zöblitz und zum Schaden des Vaterlands, im Auslande ausbreiten. Schließlich bat die Innung noch um verwahrliche Beilegung dieses ihres Schreibens, damit Unberufene nicht von den Orten Kunde erlangen möchten, wo außerhalb Sachsen Serpentin zu finden sei.

Trotz allen diesen Gründen drang doch die Meinung des Oberbergamts durch, daß eine Erweiterung ebensowohl im Interesse des Staats als des Publikums läge, und dem Obristlieutenant von Schönberg wurde am 30. September 1751 die so lange angefochtene Erlaubniß zur Anlage einer Fabrik von Serpentinwaaren ertheilt.

Dieselbe gewann jedoch keine sonderliche Ausdehnung; ihrer Begründung folgte zu nahe der allgemeine Verfall der Serpentin-Industrie. Doch enthält noch jetzt das herrschaftliche Schloß zu Limbach Geräthe, das in jener Zeit aus dem an Ort und Stelle gewonnenen Serpentin gearbeitet worden ist. In neuester Zeit gemachte Versuche, den dortigen Serpentin zu verwerthen, sind nach kurzer Zeit wieder aufgegeben worden.

Ueber eine Wiederaufnahme der Waldheimer Brüche finden sich ebenfalls Andeutungen.

Sind wir bis hierher dem Wachsen und Gedeihen der Serpentinindustrie gefolgt, so werden wir dieselbe jetzt durch eine Verkettung widriger Umstände rasch dem Abgrunde der Verkommenheit zugedrängt sehen.

Im Jahre 1756 brach der für den Wohlstand Sachsens so verhängnißvolle siebenjährige Krieg über das Land herein.

Fast ununterbrochene Naturallieferungen, Erpressungen und Brandschatzungen, denen das Obererzgebirge bei der Nähe der böhmischen Gränze, bald von Seiten der Oestreicher, bald seitens der Preußen ausgesetzt war; mehrfache Plünderungen durch feindliche preußische Freicorps und befreundete Ungarn und Croaten, die das schreckenvolle Andenken an ihre Vorfahren aus den Zeiten des dreißigjährigen Kriegs erneuerten, zertrümmerten nun auch den Wohlstand Zöblitz's und überbürdeten seine Bewohner mit einer lange Zeit nicht zu tilgenden Schuldenlast.

Noch während des Kriegs (1760) sahen sich die Serpentinbrechsler genöthigt, ihre Waarentaxe zu erhöhen, „weil durch den Krieg Alles theuer geworden sei". Der Preisaufschlag ist für umfangreichere Gegenstände bedeutend: so kostete nach der Taxe von 1714 eine 12 Zoll im Durchmesser haltende Schüssel nur 6½ Groschen, wurde aber in der neuen Taxe auf 18 Gr. erhöht. Für einzelne Waaren ist hingegen der alte Preis beibehalten worden, so ist z. B. in beiden Taxen der Preis für „einen Satz eckicht Schokoladenzeug" (Kanne nebst Tasse) mit 12 Gr. angesetzt. Wohl hatte auch die allgemeine Entwerthung des Geldes (Ephraimiten!) Einfluß auf diese Steigerung der Preise, die aber auch dem Auslande gegenüber festgehalten werden mußte und die leider dem Serpentine die Concurrenz mit einem ihm seit einigen Jahren erwachsenen, furchtbaren Gegner sehr erschwerte.

Dieser war das um das Jahr 1745 zu Chelsea in England durch Vermischung von weißem Thon mit calcinirtem Feuerstein erfundene weiche oder Frittenporcellan, das sich wegen seiner Wohlfeilheit und Schönheit sehr bald über ganz Europa verbreitete, besonders seit 1763 der berühmte Josiah Wedgewood seine Fabrik in Staffordshire begründet hatte. Von hier aus sendete er nach und nach die an Masse und Farbe verschiedenartigsten Geschirre unter den Namen Bambu, Basaltgut, Jaspisgut, schwarze egiptische Waare u. s. w. in den Handel. Doch blieb er nicht bei der Verbesserung der Masse allein stehen, er erhob auch, unterstützt von dem größten englischen Bildhauer — Flaxman — unter Zugrundelegung altgriechischer und etrurischer Gefäßformen, die Gestalt selbst der gemeinsten Geschirre zu einer vorher ganz ungewöhnlichen Schönheit. Dabei gelang es ihm, durch Einführung zweckmäßiger Maschinen, Anwendung der Gipsformen zur Gestaltung und der Steinkohlen zum Brennen der Geschirre, den Preis derselben so niedrig zu halten, daß sie zu übermächtigen Rivalen der Serpentinwaaren wurden.

Die Farben der letzteren zu ändern lag natürlich außer der Macht ihrer Erzeuger, deren Mangel an Geschmack und artistischer Ausbildung aber auch leider der Verbesserung und Variirung der althergebrachten Formen im Wege stand; während, wie der seit 1765 an die Stelle seines verstorbenen Vaters getretene Inspektor Joh. Gottl. Friedrich in einem Bericht angiebt, „das schottische

Porcellan oder englische Steingut von verschiedenen Farben und Gestalten nach Jedermanns Geschmack" gemacht wurde.

So kam es denn, daß die Serpentinfabrikate nur unter dem Schutze eines hohen Eingangszolles, der 1765, wohl nur im Interesse der Meißner Fabrik, auf jenes sogenannte schottische Porzellan gelegt wurde, sich im eignen Vaterlande dem fremden Eindringlinge gegenüber halten konnte. Im Auslande dagegen verloren sie fast allen' Boden, nicht allein durch die Concurrenz mit jenem, sondern vorzüglich auch, weil die Regierungen einiger Länder, darunter Schweden, wo der sächsische Serpentin immer sehr beliebt gewesen war, das Hausiren damit förmlich untersagten, andere aber ihn mit hohen Eingangszöllen belegten, die ihn um so empfindlicher trafen, weil sie nach dem Gewichte erhoben wurden.

Nun hatte zwar schon im December 1765 das Berg- und Kammercollegium zur Hebung des Gewerbes dem Serpentininspektor Auftrag ertheilt, die zwecklos aufgespeicherten Vorräthe des kurfürstlichen Regalschuppens, bestehend aus 190 großen Regalblöcken und 128 Stücken gelben Steines, den Drechslern nach einer billigen Taxe käuflich zu überlassen, es konnten aber bei ihrer fast durchgängigen Verarmung nur Wenige unter ihnen Gebrauch von diesem Anerbieten machen. Als eine Hauptursache dieser Armuth sieht der Bergmeister Schmidt zu Marienberg in einem Berichte vom 23. November 1766 neben den vorangegangenen Kriegsdrangsalen, die außer allem Verhältnisse zu dem so sehr reducirten Waarendebit stehende große Anzahl von 66 Meistern an und schlägt eine Beschränkung derselben durch Steigerung der Ansprüche beim Meisterwerden und Erschwerung der Annahme von Lehrlingen vor.

An die Ausführung dieser Maßregel ernstlich zu denken, wurde durch die schreckliche Hungersnoth, welche das Obererzgebirge in Folge zweier Mißernten während der Jahre 1771 und 1772 heimsuchte, überflüssig gemacht, indem diese es übernahm, die Reihe der Serpentindrechsler zu lichten. Die Uebriggebliebenen waren deshalb aber noch nicht aus ihrem Nothstande erlöst; denn die Arbeitslosigkeit — natürliche Folge des Mangels an Nachfrage — dauerte fort.

Diesem Mangel abzuhelfen und die Gunst des Publikums dem Serpentin wieder zuzuführen, beantragte der Inspektor Friedrich unterm 4. Mai 1772, daß zunächst der dem Hofe reservirte, und deshalb bisher sehr geschonte, rothe Bruch den Serpentindrechslern zur Ausbeutung überlassen und diesen dann durch Geschenke an Zeichnungen geschmackvoller Gefäße- und Geräthejormen in den Stand gesetzt werden möchten, etwas Neues an Farbe und Form in den Handel zu bringen. Der Serpentindrechsler Schubert unterstützte diesen Antrag noch durch die Mittheilung, daß er bereits Versuche in dieser Richtung nach Zeichnungen eines geschickten

Künstlers gemacht habe, die sich der Anerkennung von Kunstlieb-
habern zu erfreuen gehabt hätten.

Die Regierung ging auf diesen Antrag bereitwillig ein und
gab vorläufig die Benutzung des für sie nutzlosen rothen Bruchs
frei; leider vermochten aber die ganz verarmten Drechsler nicht die
Mittel zur Instandsetzung des verbrochenen und voll Wasser stehenden Bruchs unter sich aufzubringen: war es ihnen doch noch nicht
möglich gewesen, ihren eigenen Hauptbruch, das 1770 durch eine
Wasserfluth zerstörte Bachenloch, wieder in Gang zu bringen.

Da schlug sich ein edler Mann, der um das Obererzgebirge
so hochverdiente Berg-Commissionsrath von Trebra, der schon dem
Marienberger und Annaberger Bergbau dadurch, daß er holländische
Capitalisten zur Theilnahme an demselben zu bewegen wußte, neue
Hülfsquellen eröffnet hatte, auch hier in das Mittel. Es gelang
ihm, einige Leipziger Handelshäuser in das Interesse der, für den
Augenblick wenig zu glänzenden Aussichten berechtigt scheinenden
Serpentin-Industrie zu ziehen; dieselben gaben vorläufig 240 Thaler
her, den rothen Bruch dafür aufzusäubern. Gleichzeitig erhielt er
vom Professor Oeser in Leipzig Zeichnungen, nach denen aus dem
neugeförderten rothen und bunten Serpentine größere Vasen und
andere Luxusgefäße gemacht wurden, die sofort von den Gebrüdern
Hansen und Richter in Leipzig angekauft wurden, um als Proben
nach Hamburg und Amsterdam gesandt zu werden.

Durch die hierdurch erregten Hoffnungen angezogen, fanden
sich bald noch mehrere Theilnehmer zu dem Unternehmen, so daß
Trebra schon im August 1772 den Plan zur Errichtung einer Gewerkschaft unter dem Namen: „Hoffnung, Gesellschaft chursächsischer
Patrioten zur fabrikmäßigen Bearbeitung des Chursächsischen Ophits",
der Regierung zur Bestätigung vorlegen konnte. Diese Gesellschaft
zählte 12 Actionäre; unter ihnen die schon genannten Gebrüder
Hansen, welche das in Leipzig befindliche Hauptwaarenlager der Gesellschaft hielten; den bekannten Bildhauer und Maler, Professor
Oeser, der den artistischen Theil der Fabrikation leitete; den Kunst-
meister Mende zu Freiberg, dem der obererzgebirgische Bergbau die
Einführung der Wasser- und schwedischen Pferdegöpel verdankt, der
die Entwürfe zu den Maschinen lieferte und die Oberaufsicht über
die mechanische Bearbeitung des Steins führte und endlich den Berg-
Commissionsrath von Trebra, der als Bergmeister des Marienberger
Bergamts, die bergmännischen Arbeiten in den Brüchen überwachte.
Außerdem waren noch einflußreiche Gesellschaftsmitglieder: der Kam-
merrath Richter, der Kammer-Commissär Müller und die Grafen
Solms und von Einsiedel.

Die Gesellschaft erlangte nicht nur das Abbaurecht der kurfürstlichen Brüche, sondern auch das Monopol der Gewinnung und
Verarbeitung alles rothen, gelben und hellgrünen Serpentins, auch

alle Rechte einer Gewerkschaft, hinsichtlich etwa zu entdeckender Erze, Farbenerden 2c. Dagegen wurde ihr statt der Bergzehnten ein jährlicher Canon von 20 Thalern für die ersten 5 Jahre ihres Bestehens und von 40 Thalern für jedes folgende auferlegt. Sie war ferner verbunden, sich zu ihren Arbeitern vor allen Anderen der Zöblitzer Serpentindrechsler zu bedienen und auf Verlangen gegen Erstattung der Gewinnungskosten den Hof mit Serpentin zu versorgen.

Die Gesellschaft, obgleich getragen von der in Kunst und Technik Sachsens hervorragendsten Namen, war leider von nur sehr kurzem Bestande. Das reiche Assortiment von Theetassen, Spiegelrahmen, Uhrgehäusen, Vasen u. f. w. mit dem sie ihr Waarenlager ausgestattet hatte, war, wie die Gebrüder Hansen in einem Briefe vom 9. November 1773 an den Vice-Berghauptmann von Trebra melden, unverkäuflich; trotzdem es, bisher bei Serpentinwaaren ungewöhnliche, geschmackvolle Formen und schöne Farben zeigte, und man nicht blos einen ungewöhnlichen Namen — Ophit — hervorgesucht hatte, sondern unter demselben auch dem Publikum wirklich Neues bot.

Ob außer der, allerdings mächtigen Concurrenz des Porzellans, noch andere Ursachen dieses so ungünstige Resultat herbeiführten, läßt sich nach den, in diesem Falle etwas dürftigen Aktennachrichten wohl vermuthen aber nicht daraus nachweisen. Genug, die Gebrüder Hansen schlugen der Gesellschaft vor, die nicht verkauften Waarenvorräthe an die Mitglieder zu verloosen; und als dies nicht beliebt wurde, machte eine Auktion dem Waarenlager und — der Gesellschaft ein Ende.

Fast zu gleicher Zeit — am 25. Februar 1774 brannte ein großer Theil der Stadt Zöblitz ab, wodurch 20 Serpentindrechslermeister ihre Habe verloren und in großes Elend geriethen; auch verdarb dabei der größte Theil der im kurfürstlichen Steinhause, das ebenfalls durch den Brand zerstört wurde, befindlichen Vorräthe von Regalstücken.

Der bayerische Erbfolgekrieg brachte im September 1778 durch die Streifzüge der Oesterreicher im Obererzgebirge auch der Stadt Zöblitz, die sich noch nicht von erwähntem Brande erholt hatte, durch Plünderung und Brandschatzung unsägliche Beschwerde.

Bei diesen wiederholten Schicksalsschlägen konnte sich natürlich das Gewerbe der Serpentindrechsler von seinem Falle nicht leicht wieder erholen, zumal die geringe Nachfrage sich nur auf die wohlfeilsten Artikel — Reibschaalen und Wärmesteine — beschränkte. Inspektor Friedrich hatte zwar seit einigen Jahren sich auf die Anfertigung von mit Serpentin-Mosail fournirten kleinen Möbeln, Schachbretern u. dergl. verlegt, doch fanden dieselben wegen ihres hohen Preises nur selten Abnahme. Ihren Gewerbe aber durch nachhaltige Versuche mit größeren Arbeiten: Grabsteinen, Taufsteinen u. dergl. ein neues Gebiet zu gewinnen, daran hinderte die Drechsler die heillose Abgabe der Regalstücke. Die ihnen gebotene Vergünstigung: die abgelieferten Blöcke zurückkaufen zu können, vermochten sie aus Mangel an baarem Gelde und wegen des schleppenden Ganges der Verkaufsformalitäten — zu jedem einzelnen Verkaufe mußte die Genehmigung des Kammer- und Bergkollegiums, seit 1782, des geheimen Finanzkollegiums zu Dresden, eingeholt werden, die immer Wochen lang auf sich warten ließ — nur selten zu benutzen.

Mit dem Ausbruche der französischen Revolution und während der ihr folgenden Kriege der coalirten Mächte gegen die junge Republik nahm die Serpentinindustrie mittelbar — durch den vermehrten Geldumlauf — auch Theil an dem großen Aufschwunge, welcher der sächsischen Industrie im Allgemeinen durch die gänzliche Lähmung der vorher so blühenden französischen Gewerbthätigkeit und die Unterbrechung der Einfuhr ihrer Produkte, ertheilt wurde.

Die Zahl der Fabrikationsartikel vermehrte sich durch vielerlei neu hinzukommende, z. B. Knöpfe, welche sich einer großen Beliebtheit erfreuten und von einem Kaufmann Ringl stark nach Triest ausgeführt wurden; doch fanden auch Mörser und Reibschaalen wieder einen guten Markt, und 7 Händler vermittelten den Vertrieb derselben durch ganz Teutschland und die angrenzenden Länder, vorzüglich Holland. Seit 1790 wurden neue Brüche angelegt, deren 1799 wieder 5 im Betriebe standen, die 36 Meistern — auf diese Zahl war die Innung zum Heile des Einzelnen reducirt worden — das Material zu ihren Waaren lieferten, von denen sie nicht genug fertigen konnten um dem Verlange zu genügen.

Am 1. Juni 1799 starb der Serpentin-Inspektor Joh. Gottlob Friedrich nach 34jähriger Amtsführung und wurde durch seinen Sohn Christoph Gottlob Friedrich, Commun schichtmeister der Zöblitzer Zeche Oberneuhaus Sachsen, ersetzt; dieser war der erste Inspektor, der kein Innungsgenosse der Serpentindrechsler war. In seiner und seiner Nachfolger amtlichen Stellung trat von jetzt an insofern eine Aenderung ein, daß sie dem Ressort des Berg- und Kammerkollegiums entzogen und dem Oberbergamte zu Freiberg untergeordnet wurde und zwar zunächst dem jedesmaligen Edelsteininspektor, an welchem sie jährlich Bericht über den Gang des Serpentinhandels und eine Liste der eingelieferten Regalstücke der arbeitenden Meister und der gangbaren Brüche einzusenden hatten.

Während der Napoleonischen Herrschaft in Teutschland blieb der Serpentinhandel trotz der fortwährenden Kriege in blühendem Zustande, weil die Continentalsperre alle englischen Waaren von einem großen Theile Europas fern hielt; auch war der Verdienst der einzelnen Meister, da ihre Anzahl drei und dreißig nicht überstieg, ein guter; nur wurde die Gewinnung des Steins, wegen der Tiefe der Brüche und der Schwierigkeit sie zu entwässern immer kostspieliger. Man sah sich deshalb genöthigt, um die Kräfte zu concentriren, nach und nach einige der minder ergiebigen Brüche aufzugeben, so daß 1808 nur ein Hauptbruch, der 1798 wieder aufgenommene, nach der bräunlichgrauen Farbe seines Steins, sogenannte mausefahle Bruch noch gangbar war, zu dessen Entwässerung man seit 1801 angefangen hatte eine Rösche zu treiben.

Vom Jahre 1811 ab und mehr noch seit Aufhebung der Continentalsperre verminderte sich der Absatz der gewöhnlichen Serpentinartikel bedeutend, es gelang aber den Serpentinhändlern in Wien, Triest und Benedig Absatzwege für einige neue Artikel zu eröffnen. Es waren dies allerlei Utensilien zu pharmaceutischem und Fabrikgebrauche, als große Schaalen und Mörser, — zu Herstellung von dergleichen kaufte der Drechsler Schubert 1816 auf einmal 49 große Regalstücke an — Chocolade- und Siegellackformen u. dergl. Auch konnte man, Dank der Erleichterungen, die beim Ankauf von Regalstücken eingetreten waren, seit das Oberbergamt die Genehmigung dazu ertheilte, anfangen, sich auf die Anfertigung von Grabmonumenten zu legen.

Der Zustand des von den einzelnen Meistern ohne alle Aufsicht in unregelmäßiger und lebensgefährlicher Weise betriebenen Bruches hatte sich mittlerweile so verschlimmert, daß der Amtshauptmann von Biedermann sich im Juni 1819 veranlaßt fand, aus sicherheitspolizeilichen Rücksichten eine Besichtigung desselben vorzunehmen. Er fand, daß der allein gangbare Haupt- oder mausefahle Bruch eine Tiefe von 35 Ellen erreicht hatte und durch einen Pumpensatz entwässert wurde, der von einem oberschlächtigen Wasserrade in Bewegung gesetzt, das Wasser bis zu einer auf der halben Tiefe angesetzten Rösche hob. Obgleich erst im Jahre 1806 angelegt, war doch die ganze Maschinerie schon so wandelbar, daß sie beim ferneren Vorgehen in die Tiefe hätte erneuert werden müssen. Nach den Erfahrungen der Drechsler verminderte sich in der Tiefe die Brauchbarkeit des Steins; die bunten Farben verloren sich, die Härte desselben nahm zu. Aus diesen Gründen schlug der Amtshauptmann vor: den kostspieligen und gefährlichen Bau in die Tiefe aufzugeben und dafür den Abbau von der Oberfläche herein in den Seitenstößen auszubreiten; dann aber die Brucharbeiten nicht wie bisher von den Meistern, sondern von Bergleuten ausführen zu lassen, die aus einer von den Beiträgen aller Innungsgenossen gebildeten Kasse zu lohnen wären. Hiergegen aber wendeten die Serpentindrechsler ein, daß sie, nicht das ganze Jahr hindurch mit Ausführung der eingehenden Aufträge beschäftigt, noch Zeit genug übrig hätten, während der Sommermonate die Brucharbeiten selbst zu besorgen, ohne dafür baares Geld ausgeben zu dürfen.

Man drang nun nicht weiter auf Anstellung von Bergarbeitern; das Oberbergamt gab aber, als es im März 1821 an Stelle des am 6. Januar 1820 verstorbenen Chr. G. Friedrich den Lauter-steinischen Amtsinspektor Aug. Kersten zum Serpentininspektor ver-pflichtete, diesen den Markscheider und Geschwornen Joh. Chr. Mül-ler zu Marienberg als technischen Leiter der Brucharbeiten an die Seite.

Von dem neuernannten Inspektor dazu aufgemuntert, begannen mehrere Meister sich auf die Anfertigung größerer Dekorationsstücke zu legen, die auch nach dem Auslande gingen. Unter anderen fin-den sich Ankäufe von gelbem Stein seitens verschiedener Meister ver-zeichnet, welche, nach Wien bestimmte Kunstwerke daraus fertigten; von welcher Art diese waren, ist jedoch aus dem Berichte des In-spektors nicht ersichtlich. Doch vermochte dies den Ausfall, der durch die zunehmende Stockung des Handels mit den gewöhnlichen Ser-pentinwaaren in der Fabrikation entstand, nicht zu decken. Als die Ursachen derselben gaben die Drechsler an: die aus dem revolutio-nären Zustande so vieler Länder: Portugals, Spaniens, Griechen-lands und spanisch Amerika's, hervorgehende Handelskrise, die schweren Eingangszölle, mit denen Preußen und Rußland ihre Grenzen fast verschlossen hatten und die den Binnenhandel so erschwerenden Zoll-schranken in Deutschland selbst.

Die Klagen über Mangel an Absatz gingen indeß weniger von den Geschickten und Wohlhabenden der Gewerbsgenossen aus, die eine Ehre darein setzten, nur gute Waaren zu liefern, als vielmehr von den Aermeren, die sich dadurch zu helfen suchten, daß sie ihre Waare verschleuderten. Von der traurigen Lage dieser entwarf einer von ihnen, Namens Franz, in einem Gesuche um Unterstützung ein so trübes Bild, daß die „Landesökonomie-, Manufaktur- und Com-merzien-Deputation" sich veranlaßt fand, vom Oberbergamte Be-richt darüber erstatten zu lassen. Professor Breithaupt, der als der-zeitiger Edelstein-Inspektor Auftrag dazu erhalten hatte, spricht sich in seinem Berichte vom 8. August 1823 wie folgt aus: „das Ser-pentinwesen ist allerdings in letzter Zeit zurückgegangen, besonders hat seit mehreren Jahren die Fabrikation von lackirten Blechwaaren und die Fertigung von Reibschaalen und anderem Geräthe aus Por-zellan und Steingut sehr nachtheilig darauf eingewirkt, um so mehr, als die Fabrikanten dieser Waaren auf fortwährende Verbesserung derselben bedacht sind, was bei den Serpentindrechslern nicht der Fall ist. Dem wirklich bestehenden Nothstand eines Theils der Drechsler durch einen Vorschuß abzuhelfen, ist weniger räthlich als das Uebel durch Reformen an der Wurzel zu erfassen, indem man allen Gelegenheit bietet, sich eine bessere Ausbildung zu verschaffen. Zu diesem Ende schlägt er vor, die Gesellen im Zeichnen unter-richten zu lassen, dieselben, um eine bessere Bearbeitung der Brüche zu erzielen, ein Jahr lang zur Bergarbeit anzuhalten, und zur Bildung ihres Geschmacks eine Sammlung schöner Gefäße anzulegen, der auch die künftighin anzufertigenden Meisterstücke der Drechsler selbst als Vorbilder einzuverleiben wären. Dem Serpentinhandel würde am besten durch eine Verkaufsanstalt, die mit einem fiskalischen Vorschusse von 3000 Thalern zu begründen wäre, aufgeholfen werden."

Im Auftrage des Oberbergamts ließ nun Professor Breithaupt eine Anzahl, von der Meißner Porzellanfabrik entliehenen, Gefäßzeichnungen copiren und hölzerne Modelle, besonders ovale, drechseln, welche den Serpentinarbeitern sammt den Zeichnungen als Muster zur Nachbildung zugesandt wurden.

Die Idee: eine fiskalische Faktorei in Zöblitz anzulegen, fand indeß beim geheimen Finanzkollegium keinen Eingang; man war vielmehr dort der Meinung, daß es zweckentsprechender sein würde, es einem Privatunternehmer, dem man aus Staatsmitteln einen Vorschuß bewilligen würde, zu überlassen; die Drechsler mit schönen, dem Geschmacke des Publikums angepaßten Modellen und Zeichnungen zu versehen, dann die gefertigten Waaren gegen Vorschußleistung zu übernehmen und von im Auslande zu errichtenden Lagern aus zu vertreiben. König Friedrich August erklärte unterm 24. Januar 1824 ausdrücklich, daß wenn ein passender Unternehmer gefunden worden sei, das Regal ohne Entschädigungsforderung fallen solle.

Nun erbot sich zwar ein gewisser Kaufmann Gottfried zu Zöblitz Lager von Serpentinwaaren im Auslande zu halten, falls ihm das dazu nöthige Betriebskapital von 5000 Thalern unverzinslich vorgestreckt würde, und der Amtshauptmann von Biedermann trat in Unterhandlung mit ihm, die obgleich bis in das Jahr 1829 fortgeführt, doch ohne Erfolg blieb, da Gottfried zwar seine Forderung auf 3000 Thaler ermäßigte, hingegen jede Zumuthung, für die technische und artistische Ausbildung der Drechsler etwas zu thun, zurückwies. Außerdem fand noch das von ihm beanspruchte Monopol des Serpentinhandels bei den Geschickteren der Drechsler entschiedenen Widerstand.

Der Serpentinhandel ging unterdeß so sehr zurück, daß der Geldwerth der 1824 bei der Accise angegebenen Waaren die Summe von 400 Thalern nicht überstieg. Vom Jahre 1825 an, wo nicht jener, sondern das Gewicht der Waare sich angegeben findet, stellt sich die bei der Accise angezeigte Produktion wie folgt heraus. Im Jahre 1825, obgleich aus 5 Brüchen gefördert wurde und 41 Meister der Innung angehörten (von denen freilich viele ihr Gewerbe nicht trieben) betrug das Gewicht der ausgeführten Waaren nur 296 Centner. Im Jahre 1826 fand ein Umsatz von 274 Centner Waaren statt, der sich 1827 auf 312 Centner steigerte,

1828 aber wieder auf 293 Centner herabsank. Ein vom Professor Breithaupt in diesem Jahre gemachter Versuch, den aufgehäuften Vorräthen an Serpentinfabrikaten durch Vermittelung der rheinisch = westindischen Compagnie zu Elberfeld einen regelmäßigen Absatz in Westindien und im spanischen Amerika zu verschaffen, scheiterte an den Nachtheilen, welche aus dem bedeutenden Gewichte der Waaren bei verhältnißmäßig geringem Geldwerthe, wegen der Durch= und Eingangszölle erwuchsen. Doch stieg im Jahr 1829 die Ausfuhr wieder auf 590 Centner, die sich auf 37 arbeitende Meister vertheilten, sank aber auch schon im folgenden Jahre wieder auf 380 Centner.

Hatten sich bis dahin die einzelnen Serpentinbrechsler den zu ihren Arbeiten erforderlichen Stein in verschiedenen Brüchen und unabhängig einer vom andern selbst gebrochen, sich aber auch dadurch die Arbeit sehr erschwert, ja bei zunehmender Tiefe und Wassernöthigkeit der Brüche fast unmöglich gemacht, so fand jetzt der Geist der Vergesellschaftung auch bei ihnen Eingang, und es bildeten sich innerhalb des Innungsverbandes zwei Hauptbruchgesellschaften, von denen die eine den 1770 eingegangenen Bachenbruch wieder aufnahm und ein Kunstgezeug (Pumpwerk) mit 12 Ellen hohem Wasserrade einbauete, welcher Bau im Oktober 1827 vollendet wurde. Dies war die sogenannte Bachencompagnie. Die andere Gesellschaft, die „Stollncompagnie" nahm den, nach einem zu seiner Entwässerung angelegten, 70 Ellen langen Stolln sogenannten „Stollnbruch" auf und trieb seit 1826 einen neuen, im Norden angesetzten, der 15 Ellen Tiefe mehr einbrachte als der alte. Beiden Compagnien wurde zum Ankauf der zu diesen Bauten nöthigen Hölzer 100 Thaler vom geheimen Finanzkollegium bewilligt. In ihnen concentrirten sich von nun an die Hauptkräfte der Innung; nur zeitweilig wurde von kleinern Gesellschaften der eine oder andere Bruch wieder in Betrieb gesetzt.

Die in dieser Zeit in das Leben tretenden sächsischen Industrieausstellungen zu Dresden entgingen der Aufmerksamkeit der Serpentindreherinnung nicht, seit 1825 stellte auch sie die Produkte ihres Fleißes in den Reihen vaterländischer Erzeugnisse aus; erhielt 1837 eine silberne Medaille und machte sich im Jahre 1840 durch einen ausgestellten Taufstein bemerkbar. Der Erfolg entsprach indeß keineswegs den gehegten Erwartungen. In ihren Folgen vortheilhafter für die Serpentinindustrie fiel die allgemeine deutsche Ausstellung zu Berlin vom Jahre 1844 aus, wo zwar ihren in großer Anzahl ausgestellten Erzeugnissen nur mäßige offizielle Anerkennung in Gestalt einer Bronzemedaille wurde, aber mehrfach dort angeknüpfte Geschäftsverbindungen, Bestellungen aus Mecklenburg und von der Insel Rügen, besonders auch auf Grabmonumente, herbeiführten.

Nachdem im November 1830 der Rentbeamte und Serpentin-Inspektor Kersten wegen Geistesschwäche pensionirt worden war, trat der neuernannte Rentbeamte Fahner interimistisch auch in das Amt eines Serpentininspektors ein. Doch wurde er schon im December des Jahres 1832 in einen andern Wirkungskreis versetzt und nun übertrug das neu errichtete Finanzministerium dem Rentbeamten Joh. Karl Burckhardt das Inspektorat jedoch mit Wegfall des bisher mit dieser Stelle verbunden gewesenen Gehaltes (17 Thlr. 15 Ngr.) und der übrigen Emolumente.

Die im Jahre 1831 durch ganz Deutschland ihre Schrecken verbreitende Cholera eröffnete, wie schon oben erwähnt, neue Quellen des Verdienstes für die Serpentindreher, die aber freilich nicht nachhaltig waren. Schon 1833 gerieth der Handel wieder so in das Stocken, daß die Ausfuhr auf 245 Centner herabging. Dabei zersplitterte sich der karge Verdienst unter zu viele Theilnehmer — die Zahl der Meister hatte sich auf 45 vermehrt — als daß nicht Noth und Verarmung unter ihnen hätte einreißen sollen. Dazu kam, daß zu Anfange des Jahres die Kräfte des Winters — Frost und Thauwetter — den Bachenbruch in seinen Stößen so beschädigt hatten, daß die Ueberrüstung sammt dem Kunstgezeuge niedergegangen, und dadurch der Betrieb des Bruchs, bei der Mittellosigkeit seiner Besitzer, auf lange Zeit hinaus unmöglich geworden war. Der Stollnbruch hatte nun fast ausschließlich den Bedarf an Arbeitsmaterial zu decken; doch war die Zimmerung seines Stollns so verbrochen, daß dieser kaum noch seinen Zweck erfüllen konnte. Es war also dringend geboten, etwas für das so heruntergekommene Gewerbe geschehen zu lassen.

Man ging zunächst darauf aus, der Ausbildung der Drechsler nachzuhelfen und sie zu befähigen, ihre Arbeiten auf das Niveau des Zeitgeschmacks zu erheben und zu erhalten.

Schon im Januar des Jahres 1834 richtete der, die ihm anempfohlenen Interessen der Serpentindrechsler warm im Herzen tragende Inspektor Burckhardt an das Finanzministerium die Bitte, diesen den Zeichnenunterricht, welchen der vom Fiskus besoldete Maler Wanke in Olbernhau den Holzdrechslern in Seiffen und Heidelberg ertheilte, unentgeltlich mit genießen zu lassen. Das Ministerium bewilligte 120 Thaler jährlich zu diesem Zwecke, und so konnte der Unterricht — je 2 Stunden an 2 Tagen der Woche — am 2. April 1835 beginnen. Ferner wurden mehrere Kisten Porzellanrohgeschirre von der Meißner Fabrik an die Serpentindreher abgegeben um denselben als Modelle zum Zeichnen und Nachbilden zu dienen; schon vorher hatte das Finanzministerium zu ähnlichen Zwecken für eine Auswahl lithographirter Vorlegeblätter gesorgt.

In der königlichen Porcellanniederlage zu Leipzig wurde eine Sammlung von Proben aller Abänderungen des Serpentins, sowie eine Auswahl geschmackvoll gearbeitete Serpentinwaaren als Muster, zu Anregung von Bestellungen ausgelegt.

Aber auch das direkte materielle Wohl der Serpentinarbeiter wurde nicht aus den Augen gelassen; einer den beiden Bruchcompagnien aufs neue gewährte fiskalische Unterstützung von 100 Thalern ermöglichte die Wiederinstandsetzung der Brüche, und, was von größerer Wichtigkeit war, am 5. Mai 1836 sprach das Finanzministerium im Namen des Königs und des Prinzen Mitregenten die Aufhebung des Regals aus; nur unter der Bedingung, daß die Serpentindreher sich zu allen Zeiten den Anordnungen der Regierung fügen, und alle ihre Kräfte aufbieten sollten, ihr Gewerbe stetig zu heben. Würden sie dies nicht thun, so würde das Regal wieder eingeführt werden. — Den ersten Anstoß zu diesem Erlasse scheint der Nachweis des Oberbergamts gegeben zu haben, daß aus den in den Jahren von 1825 bis mit 1834 verkauften Regalstücken — der einzigen Nutzung des Fiskus vom Regale — nur eine Einnahme von 23 Thlrn. 12 Gr. erzielt worden war, während der Zehntner Müller in derselben Zeit 105 Thlr. für die Beaufsichtigung der Brüche aus fiskalischen Kassen empfangen hatte.

Das ganze Serpentinwesen wurde jetzt der Oberaufsicht des Oberbergamts entzogen und dem Ministerium des Innern direkt unterstellt. Die officiellen Funktionen des Serpentininspektors beschränkten sich von jetzt an darauf, daß er als obrigkeitlicher Deputirter den Innungsversammlungen beiwohnte; wiewohl Inspektor Burckhardt fortfuhr, das Wohl der Innung sich angelegen sein zu lassen. Er schlug die Errichtung eines Serpentinschneide- und Schleifwerks vor, mit dessen Hülfe die Serpentindrechsler alle die Vortheile in vollem Umfange ausbeuten konnten, die ihnen aus der Freigebung der großen Steinblöcke erwuchsen. Die Regierung versprach 2000 Thlr. vorschußweise dazu herzugeben, bedingte sich aber dafür die Verbürgung aller Mitglieder der Serpentindreher-Innung mit ihrem gesammten Vermögen aus, was indeß von den Ansässigen derselben verweigert wurde, indem sie, durch Erfahrung belehrt, fürchteten, mit ihrem Eigenthume allein haften zu müssen. Sie verlangten vielmehr, daß die Regierung die Maschine erbauen und verwalten, den einzelnen Meistern aber die zeitweilige Benutzung derselben gegen Zinsentrichtung einräumen solle. Das Ministerium fand es nicht für angemessen, auf diesen Plan einzugehen.

Wäre nun freilich durch die Hülfe einer solchen Anlage die Anfertigung größerer Arbeitsstücke, als: Tischplatten, Taufsteine, Grabmonumente u. dgl. wesentlich erleichtert worden: so bemühete man sich doch auch ohne dies Aufträge zu dergleichen Arbeiten, die

zahlreich einliefen, seit Inspektor Burckhardt in Zeitungsannoncen
das Publikum auf die durch Aufhebung des Regals begünstigte
Herstellung derselben aufmerksam gemacht hatte, gut auszuführen. —
Ein in Zöblitz lebender Maler, Namens Gutwasser, versuchte
1837 eine neue Verzierungsart des Serpentins, indem er eine
aus diesem Steine gemachte Tischplatte bemalte und ihr dann durch
Lackirung einen viel höhern Glanz ertheilte, als bis dahin durch
das übliche Einreiben mit Wachs zu erreichen gewesen war. In
der im folgenden Jahre von Gutwasser im Verein mit dem Kauf-
mann Damm errichteten Dosen- und Lackirfabrik wurden dann diese
Versuche fortgesetzt und während der Zeit des Bestehens dieser
Fabrik dort fast alle feinern Serpentinwaaren, die meist nach antiken
Mustern sehr geschmackvoll gearbeitet waren, mit Malerei und
Vergoldung verziert und dann lackirt.

Dies Verfahren kann aber als nichts Anderes als ein Miß-
griff betrachtet werden, weil es die Natur des Steins verläugnet
und ihn mit einem erborgten, vergänglichen Glanze ausstattet, da
er doch Härte genug besitzt, um eine ihm eigenthümliche, dauerhafte
Politur bei Anwendung von Schmirgel annehmen zu können. Die
überdies oft ungenügend ausfallende Lackirung vertheuerte aber die
Waaren so sehr, daß sie keine große Verbreitung finden konnten.

Der Zehntner Müller war nach Aufhebung des Regals mit
den Anordnungen zu der Bearbeitung der Brüche betraut geblieben;
leider schenkten die Drechsler diesen nur selten Beachtung, zogen
es vielmehr vor, in ihrer althergebrachten unregelmäßigen Weise
weiter zu bauen und besonders die nöthigen Sicherheitsvorkehrungen
zur Ersparung von Kosten, wie sie meinten, zu vernachlässigen.
Die natürliche Folge davon war, daß kein Winter vorüberging,
wo nicht Stücke der zu steilgehaltenen, übelverwahrten Bruchränder
hereingestürzt wären und die Brüche theilweise ausgefüllt hätten.
Jedes Jahr hatte man dann den Frühling damit zuzubringen, die
Brüche wieder aufzuräumen, ehe man zur produktiven Arbeit: der
Gewinnung von Arbeitsmaterial, schreiten konnte. Dadurch kam
letzteres aber so hoch zu stehen, daß es im Verein mit der geringen
Leistungsfähigkeit der immer noch gebrauchten veralteten Werkzeuge
und Drehbänke den Erzeugungspreis der Waaren so hinauftrieb,
daß die Serpentindrechsler, denen die Concurrenz mit andern Materialien den Verkaufspreis ihrer Produkte vorschrieb, trotz zahl-
reicher Bestellungen sich aus ihrer Dürftigkeit nicht herauszuarbeiten
vermochten. Immer wieder sahen sie sich, als die 1839 den
Brüchen zugestoßenen außergewöhnlich großen Beschädigungen wich-
tige Reparaturen erheischten, darauf angewiesen, die Hülfe der
Regierung in Anspruch zu nehmen. Ehe sich aber das Ministerium
dazu verstand, ihnen dieselbe zuzusagen, sandte es im Juli 1841
den geheimen Regierungsrath von Weißenbach mit dem Auftrage

nach Zöblitz, sich über den derzeitigen Stand der Serpentininbustrie und die Ursachen der bedrängten Lage ihrer Träger genau zu unterrichten und dann Vorschläge zu thun, wie jene Ursachen auf eine gründliche Weise beseitigt werden könnten.

Als Resultat seiner an Ort und Stelle angestellten Untersuchungen legte Geheimrath von Weißenbach nachstehende Meinung über die Ursachen der bedrückten Lage der Serpentindrechsler in einem Protocolle nieder.

„Es lassen sich dieselben auf folgende drei Mängel zurückführen. Erstens: Mangel an einem sichern, ausreichenden Absatze der Waaren; zweitens: Mangel an großen Steinen zu den besser lohnenden umfänglichern Arbeiten; drittens: Mangel an geeigneten Mitteln, die Preise festzustellen und dem Verschleudern der Waaren vorzubeugen. Der zuerstgenannte Mangel erklärt sich aus den zu hohen Preisen der Serpentinfabrikate gegenüber denen aus andern Materialien, beispielsweise der Grabdenkmäler aus Serpentin in Vergleich zu solchen aus Sandstein oder Gußeisen; die hohen Preise wiederum findet er durch dieselben Ursachen bedingt, die schon weiter oben angegeben wurden. Außerdem läßt das Aeußere besonders der Luxuswaaren immer noch viel zu wünschen übrig, obgleich der wohlthätige Einfluß des Zeichenunterrichts und der Benutzung der porzellanenen Modellgefäße nicht zu verkennen ist. Der zweite Mangel ist nicht sowohl in der Natur des Serpentins, als vielmehr in der Unzweckmäßigkeit der Gewinnungsmethode begründet und der dritte wird hauptsächlich durch die Spaltung der Innung in zwei einander entgegenarbeitende Compagnien und die Mittellosigkeit vieler Meister herbeigeführt.

Um nun alle diese Mängel zu beseitigen, ist es vor Allem nöthig, daß beide Bruchcompagnien sich vereinigen, indem nur dadurch eine bessere Bewirthschaftung der Brüche und eine wohlfeilere und zugleich ausgiebigere Gewinnung des Steins ermöglicht wird. Auch wird das Ministerium, welches nicht das Sonderinteresse Einzelner, sondern die Aufhülfe des gesammten Gewerbes in's Auge zu fassen hat, nicht umhin können, die Gewährung von Unterstützungen von der Erfüllung dieser Bedingung abhängig zu machen.

Die Waarenverschleuderungen einzelner Meister werden am besten durch Begründung einer gemeinschaftlichen Niederlage und Verkaufsanstalt unter der Leitung eines aus der Mitte der Innungsgenossen zu wählenden Vorstandes verhütet; letztere hat Geschäftsverbindungen mit auswärtigen Handelshäusern anzuknüpfen und die eingehenden Bestellungen an die einzelnen Meister gleichmäßig zu vertheilen.“

Nur durch ernstliche Vorstellungen gelang es, die Mitglieder der beiden Bruchcompagnien zur Einwilligung in die Consolidirung zu vermögen. Die Hauptschwierigkeit lag in dem verschiedenen Zustande der beiden Brüche; diese war zuvor durch die Verordnung zu beseitigen, daß jede Compagnie im Laufe des Sommers ihren Bruch aufzusäubern und in einen, nach dem Urtheile des Serpentininspektors Burckhardt und des Reviergeschwornen Müller, vollkommen tüchtigen Zustand zu versetzen habe, ehe sich die Betheiligten zu dem Versprechen herbeiließen, dann den Betrieb der Brüche gemeinschaftlich fortführen zu wollen. Dem Serpentininspektor wurde nun aufgegeben, mit Zuziehung der Innungsmeister, ein Regulativ für die Verwaltung der vereinigten Brüche und der künftig zu errichtenden Verkaufsanstalt zu entwerfen, und Geheimrath von Weißenbach versprach im Voraus die Unterstützung des Ministeriums für alle die Vervollkommnung des Gewerbes befördernden Unternehmungen, besonders auch die Anlage einer Serpentinschneide- und Schleifmaschine, zu welcher der Maschinensekretär (spätere Münzmeister) Fischer zu Freiberg schon einen Entwurf ausgearbeitet hatte.

Geheimrath von Weißenbach nahm überhaupt regen Antheil am Aufblühen der Serpentinindustrie; er ließ Serpentinblöcke und die üblichen Drehwerkzeuge nach Dresden senden und hier von einem geschickten Holzdrechsler Versuche mit dem concentrischen Ausdrehen mehrerer Reibschalen aus einem Steinblocke anstellen, deren Resultate er sammt dem Modelle einer Drehbank mit Schwungrad und vielen Zeichnungen antiker Gefäße den Serpentindrehern übersandte.

Obgleich im Juli desselben Jahres ein Unglücksfall im Stollenbruche — hereingehende große Steinblöcke zerschmetterten einem Serpentinarbeiter ein Bein — die dringende Nothwendigkeit der von Müller angeordneten Terrassirung der Seitenstöße der Brüche fühlbar machte, so ließen doch die zahlreich eingehenden Waarenbestellungen die Bruchgenossenschaften nicht zur Ausführung derselben kommen. Ebenso wenig aber vermochten sie die vom Geschwornen Müller auf 188 Thaler veranschlagten Kosten der Herstellung jener Sicherungsbaue durch andere Arbeiter aufzubringen, und das Ministerium verweigerte, ihnen unter Hinweis auf den früher ertheilten Bescheid, diese Summe vorzuschießen. So kam es denn, daß im Juli 1842 Müller zu berichten hatte, daß nur erst die Stollencompagnie ihren Verpflichtungen einigermaßen nachgekommen sei, die Bachencompagnie hingegen noch nichts zur Regulirung ihres Bruchs gethan habe.

Serpentininspektor Burckhardt hatte unterdeß den ihm aufgetragenen Entwurf eines Regulativs für die vereinigte Serpentindrechsler-Innung vollendet und übergab denselben im August 1842 dem Ministerium des Innern. Nach verschiedenen Erörterungen, Begutachtungen und einigen geringen Abänderungen erhielt es die höchste Genehmigung und wurde nun am achten November 1843 den versammelten Innungsmeistern zur Annahme vorgelegt. Der bei weitem größte Theil derselben war zu der Einsicht gekommen, daß nur durch festgeschlossenes Zusammenstehen ihr Gewerbe vor gänzlichem Verfalle zu bewahren sei, und so verpflichteten sich 38 Meister durch ihres Namens Unterschrift, die im Regulativ vorgeschriebenen Einrichtungen unter sich einzuführen.

Bei den vielfachen Bestrebungen der Neuzeit, die Arbeiterfrage ihrer Lösung näher zu bringen und bei den Erwartungen, die man dabei von der Vergesellschaftung der Arbeiter hegt, ist es vielleicht nicht ohne Interesse, auf dieses Regulativ näher einzugehen, als Beispiel eines Codex, durch den man vor mehr als einem Vierteljahrhundert eine Anzahl gleichberechtigt neben einander stehender Arbeiter zu einem wohlgegliederten Ganzen zu verbinden gedachte. Es wird dem Zwecke genügen, die Hauptpunkte desselben hier kurz anzuführen.

„Beide jetzt neben einander bestehende Bruchgesellschaften vereinigen sich zu einer, und beide jetzt im Betriebe befindlichen, sowie alle künftig noch anzulegenden Brüche werden gemeinschaftlich ausgebeutet. Um jede Benachtheiligung einer Partei zu vermeiden, sind vorher beide Brüche auf eine gleiche Stufe der Ergiebigkeit und Sicherheit zu bringen, und wird dann jedem der Interessenten sein Antheil an einem der Brüche unverkürzt auf die consolidirten Brüche übertragen. Die Gewinnung des Steins geschieht durch die Drechsler selbst oder deren Stellvertreter, der Arbeitstag wird zu 12 Arbeitsstunden gerechnet, und sein Geldwerth zu 12 Neugroschen angeschlagen. Die gewonnenen Steine werden jedes Jahr nach Maßgabe der Bruchantheile, deren 28 ganze sind, vertheilt. Größere Blöcke kommen nicht zur Vertheilung, sondern werden nach Taxe an solche Meister verkauft, die zu besonderen Arbeiten dergleichen bedürfen; der Erlös fällt der Bruchkasse zu. Dasselbe kann auch mit einem Theile der kleineren Steine geschehen, wenn größere, die Bruchkasse erschöpfende Baarausgaben zu machen sind. Jeder Drechsler kann zwar aus seinen Steinen machen, was ihm beliebt, er darf jedoch sein Fabrikat nur nach der von der Innung festzusetzenden Preisliste verkaufen. Die Innung wählt aus ihrer Mitte einen Geschäftsführer, der nur allein befugt ist, Aufträge entgegenzunehmen, die er an die einzelnen Meister, der Reihenfolge nach gleichmäßig zu vertheilen hat. Die aufgegebenen Waaren sind bei Strafe in der festgesetzten Zeit, tadellos gearbeitet, in die gemeinschaftliche Niederlage abzuliefern. Die dafür eingehenden Gelder hat der Geschäftsführer sofort nach Abzug von 1 Ngr. an jedem Thaler — 5 Pfennige Provision für ihn und 5 Pfennige Beitrag zur Hülfskasse — an die Lieferanten zu vertheilen. Er soll nur gegen baares Geld verkaufen und kann deshalb nur auf eigene Gefahr Credit geben, weshalb er ein angesessener Meister sein muß, der mit seinem Vermögen für richtige Geschäftsführung haften kann. Kein Meister darf für sich Waarenbestellungen annehmen, er hat vielmehr dieselben an den Geschäftsführer zu überweisen. Doch soll es jedem nachgelassen sein, in der von Bruch-arbeiten und den ihm vom Geschäftsführer ertheilten Aufträgen nicht in Anspruch genommenen Zeit, Waaren in Vorrath zu fertigen und solche selbst zu verkaufen, jedoch niemals unter der Taxe, bei 5 Thlr. Strafe für jede der drei ersten Uebertretungen und Ausschluß aus der Genossenschaft und Versteigerung seines Bruch-antheils zu Gunsten der Bruchkasse für einen fernern Fall. Händler, die durch Anerbieten höherer Preise, Meister zur Annahme von Bestellungen zu verführen suchen, sind mit gänzlicher Aus-schließung vom Serpentinhandel zu bestrafen. Umfangreichere Arbeiten — Camineinfassungen, Grabmonumente, Tauffsteine — werden der Reihenfolge nach den Meistern zugetheilt und nach besonderer Taxe berechnet. Aus der Hülfskasse werden Unter-stützungen und Vorschüsse an bedürftige Innungsmitglieder abgegeben; dieselbe wird vom Geschäftsführer verwaltet, der am Ende jedes Jahres der Innung Rechnung vorzulegen hat, die vom Serpentinin-spektor zu prüfen ist. Letzterer führt wie bisher die Oberaufsicht über die Innung und wacht über die genaue Befolgung der In-nungsartikel und dieses Regulativs. Den technischen Betrieb der Brüche leitet ein königlicher Bergbeamter, dessen Anordnungen sich die in den Brüchen Arbeitenden unbedingt zu unterwerfen haben."

Wie wir wissen hatte das Finanzministerium 1835 jährlich 120 Thaler für die Unterhaltung einer Zeichenschule in Zöblitz ausgesetzt. War gleich der Eifer der Serpentindreher anfänglich so groß, daß selbst in reiferem Alter stehende Männer am Unter-richt theilnahmen, so erkaltete er doch bald in unerfreulicher Weise, und schon 1841 fand sich der Zeichenlehrer Wanke zu Klagen über den vernachlässigten Besuch des Zeichenunterrichts veranlaßt. Trotz aller Ermahnungen des Serpentininspektors verminderte sich derselbe späterhin noch mehr; bis sich endlich das Ministerium dahin entschied, da Nutzen und Kosten des Unterrichts in keinem befriedigenden Verhältnisse zu einander standen, denselben im Juni 1843 gänzlich aufzuheben. Zur Entschuldigung der Serpentin-dreher läßt sich freilich anführen, daß gerade in dieser Zeit die starke Nachfrage nach ihren Waaren und die dringenden Arbeiten in den Brüchen nicht viel Zeit für die Uebung einer, weil nicht direkt brotgebenden, doch immer nur als Nebensache betrachteten, Kunst übrig ließ. Ganz ohne Früchte war indeß der Unterricht keineswegs geblieben: nicht nur hatten es einzelne der Schüler zu Resultaten gebracht, die auf den Ausstellungen der Arbeiten von Sonntags- und Gewerbschulen im Jahre 1837 durch Prämiirung mit drei silbernen Medaillen und 1839 mit einer dergleichen

ehrenvolle Anerkennung fanden, es hatte sich auch, durch ihn angeregt, Verständniß von Zeichnungen und plastischen Formen unter
den Arbeitern im Allgemeinen verbreitet und ihr Geschmack war
durch ihn fühlbar geläutert worden.

Auf Betrieb Weißenbachs ließ die Regierung auf ihre Kosten
drei junge Serpentindrechsler im August desselben Jahres nach
Dresden kommen, um sich dort in der Werkstätte eines geschickten
Holzdrechslers in verschiedenen Arten der Kunstdreherei zu üben
und sich zu befähigen, die Einführung einer vervollkommneten Con-
struktion der Drehbank in Zöblitz, wohin man schon ein Exemplar
derselben gesandt hatte, zu befördern.

Unterdeß war die Stollncompagnie, welche unter ihren Mit-
gliedern die Wohlhabendern der Steindrechsler zählte, mit Hülfe
fremder Arbeiter, die sie zum Forttreiben des tiefen oder Siegel-
stollns angestellt hatte, ziemlich vollständig ihrer Verpflichtung hinsichtlich der Verbesserung ihres Bruchs nachgekommen. Nicht so
jedoch die Bachencompagnie, welche, als die wiederholt erbetene
Beihülfe des Fiskus ausblieb, nicht im Stande war, den ihr ob-
liegenden Neubau des Kunstgezeuges und eines Handgöpels, sowie
die Terassirung des Bruchs in stipulirter Weise auszuführen. Die
Folge hiervon war, daß die Stollncompagnie sich fortwährend weigerte,
die Forderung des ersten Artikels des Regulativs zu erfüllen und
ihren Bruch, auf den sie viel Arbeit und Geld verwendet hatte,
zu Gunsten der ganzen Innung aufzugeben. Sie sprach diese
Weigerung im Februar 1848 ausdrücklich aus und bat zugleich
um einen Vorschuß von 400 Thalern zur Vollendung ihres Stollns,
für welchen sie das gesammte Vermögen ihrer Mitglieder als Bürg-
schaft anbot. Schon im folgenden Monate wurde ihr aber vom
Ministerium des Innern der Bescheid ertheilt, daß bei ihrer Weigerung, das Regulativ durch Aufgabe ihrer Selbstständigkeit fak-
tisch anzuerkennen, von jeglicher Unterstützung seitens der Regierung
abgesehen werden müsse.

Serpentininspektor Burckhardt, der in seiner unerquicklichen
Stellung zwischen Regierung und Innung nur zu gut fühlte, daß
trotz des redlichsten Strebens mit aller angewandten Mühe nichts
Ersprießliches zu erreichen sei, kam im September desselben Jahres
um seine Entlassung aus dem Amte ein, die ihm auch bald, unbe-
schadet seiner Stellung als Rentamtmann zu Zöblitz, gewährt wurde.

In einem unterm 7. Januar 1849 an die Serpentindreher-
innung gerichteten Schreiben zeigt er derselben an, daß er vom
ersten Januar dieses Jahres an aufgehört habe, Serpentininspektor
zu sein und nimmt als der Letzte dieses Amtes und Titels Abschied
von den Innungsgenossen, denen er 16 Jahre hindurch ein that-
kräftiger Vorgesetzter und mehr noch ein theilnehmender Freund
gewesen war.

Mit der Aufhebung des Serpentin=Inspektorats hörten alle Versuche der Regierung, auf die Serpentinindustrie veredelnd und hebend einzuwirken, sowie alle Beziehungen der Steindrechsler zu königlichen Behörden auf, und jene waren von nun an lediglich auf sich selbst angewiesen. Nur noch einmal, als am 31. Oktober 1854 das Städtchen Zöblitz von einem jener großen Brände heim= gesucht wurde, die leider den Städten des Erzgebirges eigen sind, und durch den Viele der Serpentindrechsler ihre Drehbänke und sonstige Habe einbüßten, fand sich die Regierung bewogen, ihnen, den Schwerbedrängten, durch eine Unterstützung von 600 Thalern zu Hülfe zu kommen, die hauptsächlich zur Einrichtung eines Göpels beim Stollnbruche verwendet wurde.

Ohne nachhaltige Hülfe von außen sich aus ihrer, immer mißlicher sich gestaltenden, Lage herauszuarbeiten, war für die armen Serpentindreher ein Ding der Unmöglichkeit. Die von Weißenbach erkannten und angegebenen Mängel machten sich von Jahr zu Jahr fühlbarer, ohne daß man, seit der Consolidirungs= plan an dem allzustarrem Festhalten des Ministeriums an Forde= rungen, welche die Kräfte der meisten Serpentindreher überstiegen, gescheitert war, einen andern Weg einzuschlagen gewußt hätte, als die schon 1837 vom Redakteur Koselitz in der Annaberger Ge= werbezeitung ausgesprochene Idee aufzunehmen. Diese lief daraus hinaus: das ganze Areal des Serpentinvorkommens an eine zu bildende Aktiengesellschaft zu verkaufen und dieser zugleich die Be= dingung aufzuerlegen, sich vorzugsweise der einheimischen Serpentin= drechsler als Arbeiter zu bedienen. Letztere, die bei der stetig ab= nehmenden Nachfrage nach ihren Waaren, die sich zuletzt nur auf die geringsten und wohlfeilsten derselben — Reibschalen und Wärm= steine — beschränkte, und im Gefühle ihres Unvermögens, die un= erläßlich gewordene durchgreifende Verbesserung der Bruchanlagen und Umgestaltung des Fabrikationswesens selbst durchzuführen, zu der Einsicht gekommen waren, daß, in der bisherigen Weise fort= vegetiren zu wollen, die Existenz ihres Gewerbes schließlich in Frage stellen geheißen haben würde, willigten in den Verkauf ein. Am 30. März 1855 verzichteten sie auf das ihnen kraft ihrer Innungs= artikel und Privilegien allein zustehende Recht der Gewinnung von Serpentin auf Zöblitzer und Ansprünger Flur; jedoch behielten sich die beiden Bruchcompagnien das Abbaurecht in den von ihnen betriebenen beiden Brüchen vor. Eine von der Kreisdirektion im Interesse der Gemeinden behufs der Werthbestimmung beantragte Vermessung und geognostische Untersuchung der Serpentinlagerstätte unterblieb damals der großen Kosten wegen, wurde aber in neuester Zeit von der jetzt bestehenden Aktiengesellschaft veranlaßt.

Im Jahre 1855 ergoß sich ein wild ins Kraut schießender Unternehmungsgeist über die früher so bedenklich gewesenen und in

neuerer Zeit auch wieder so bedenklich gewordenen deutschen Kapi=
talisten, der sie antrieb, sich, mit besonderer Vorliebe für das Unter=
irdische, auf die zahlreichen Unternehmungen zu werfen, die damals
sich durch ganz Deutschland ins Dasein drängten. Auch dem so
hülfsbedürftigen Zöblitz gedachte eine Gesellschaft unternehmender
Männer: Advokat Ulfer, Geschworner Träger, Hauptmann Rauen=
dorf, Hammerwerksbesitzer Michaelis und Andere ein Bächlein aus
dem Strome des so ungewöhnlich flüssig gewordenen deutschen Ka=
pitals zuzuleiten. Sie schloß im Juni 1857 mit den Gemeinden
Zöblitz und Ansprung, auch einigen Privatgrundbesitzern einen Kauf=
contrakt über die auf Grund und Boden jener befindlichen Ser=
pentinlagerstätten ab, jedoch mit der ausdrücklichen Verwahrung,
daß wenn es der Gesellschaft, die sich den Namen „Serpentin=
Compagnie" beigelegt hatte, innerhalb zweier Jahre nicht gelänge,
eine Aktiengesellschaft zu gründen, der sie ihre Rechte und Verbind=
lichkeiten abtreten könne, der Contrakt ohne Entschädigungsansprüche
seitens der Verkäufer als aufgehoben betrachtet werden solle. Der
Kaufpreis wurde für den Zöblitzer Antheil auf 11000 Thaler in
baarem Gelde und 4000 Thaler in Aktien der zu bildenden Ge=
sellschaft festgestellt; die Gemeinde Ansprung sollte mit 300 Thlrn.
abgefunden werden. Das Finanzministerium erklärte im Voraus,
daß es bei Bestätigung der Statuten der Aktiengesellschaft auf alle
fiskalischen Ansprüche in Bezug auf das Regal und die reservirten
Brüche Verzicht leisten werde.
   Leider vereitelte die zu Ende des Jahres 1857 ausbrechende
Handelskrisis alle Bemühungen der Serpentin=Compagnie: das
Ende der zweijährigen Frist kam im Juni 1859 heran, ohne daß
eine Aktiengesellschaft in Bereitschaft gewesen wäre, die Serpentin=
brüche um den bedungenen Kaufpreis zu übernehmen. Die Com=
pagnie verzweifelte jedoch nicht am endlichen Erfolge ihrer Be=
strebungen, suchte vielmehr um eine Verlängerung der abgelaufenen
Frist auf 3 Jahre nach. Die Gemeinden bewilligten diese zwar,
erhöheten aber dafür den Kaufpreis auf 18000 Thaler, davon
7000 Thaler in Aktien zahlbar, und legten zu ihrer Sicherstellung
der Compagnie noch die Bedingung auf, im September desselben
Jahres 2000 Thlr. baar bei der Rathskämmerei zu hinterlegen,
welche Summe dieser verfallen sein sollte, falls bei Ablauf des be=
willigten Termins die Compagnie sich wieder außer Stande sähe,
die Brüche zu übernehmen; ein Sporn für die Compagnie, der
seine Wirkung nicht versagte. Mit erhöhetem Eifer gingen ihre
Mitglieder an ihre Aufgabe; besonders thätig zeigte sich der Ham=
merwerksbesitzer Michaelis zu Lößnitz. Derselbe wandte sich nach
Hamburg und zog dort den Agenten F. Röbbelen in das Interesse
der Compagnie, dem es gelang, einige speculative Männer für das
Unternehmen zu gewinnen und sie zu bestimmen, eine Summe von

2500 Thalern unter sich aufzubringen um durch einen Versuchsbau die Frage zu entscheiden: ob der Serpentin auch in Blöcken von Dimensionen breche, welche die Ausführung größerer Dekorations= stücke und architektonischer Glieder gestatte. Der im September 1861 im rothen Bruche gemachte Versuch bejahete jene Frage: es konnten an 40 Centner von größeren Blöcken nach Hamburg ge= sendet werden. Dieses so günstige Resultat veranlaßte noch im December desselben Jahres die Constituirung der „Zöblitzer Serpentin= stein=Aktiengesellschaft" in Hamburg, deren Statuten am 7. Mai 1864 die Bestätigung des königlich sächsischen Finanzministeriums erhielten.

Sämmtliche Zöblitzer und Aufsprunger Serpentinbrüche, unter ihnen auch, gegen eine Entschädigung von 1360 Thalern die beiden Brüche der Stolln= und Bachen=Compagnie, wurden nun im Juni des Jahres 1862 mit allem umliegenden Terrain, soweit in dem= selben das Vorkommen von Serpentin bekannt war, der Gesell= schaft übergeben. — So war denn endlich die seit mehr als einem Jahrhundert angestrebte Organisation der Serpentinindustrie er= reicht, und diese trat nun in eine neue Phase ihres Daseins ein.

Die Gesellschaft hatte anfangs einen schweren Stand. Nur durch große Geldopfer und mit Aufbietung von viel Umsicht, Aus= dauer und Energie von Seiten der Leitenden war es zu ermög= lichen, die so sehr gesunkene Serpentinindustrie wieder zu einem ehrenvollen Standpunkte zu verhelfen. Es galt zunächst die ver= wahrlosten Brüche nach einem rationellen Plane in einen bessern Stand zu setzen; durch Einführung zweckmäßiger, dem jetzigen Stand= punkte der Mechanik entsprechender, Arbeitsmaschinen und neuer, ästhetischen Anforderungen entsprechender Fabrikationsformen dem Publikum, das gewohnt war den Begriff „Serpentin" nur in die Form einer Reibschaale oder eines Wärmsteins einzukleiden, den Beweis zu liefern, daß das Gebiet der Verwendbarkeit des Ser= pentins das der meisten anderen Ziergesteine überschreite.

Anfänglich bauete man im rothen (früher königlichen), dann 1862 im, jenen benachbarten, altbraunen Bruche, nahm aber schon im Frühling 1863 den von der Stolln=Compagnie begonnenen tie= fen Siegelstolln wieder auf, um nicht allein durch ihn das Bruch= feld zu entwässern und in der Tiefe zu untersuchen, sondern auch um von ihm aus den gegenwärtig ausschließlich betriebenen unter= irdischen Abbau einzuleiten. Die Gesteinsarbeiten in Bruch und Stolln wurden von Anfang an unter die Leitung eines Steigers gestellt und größtentheils von Bergleuten ausgeführt.

Für die Verarbeitung größerer Blöcke zu Grabmälern, Tisch= platten, Kamineinfassungen, großen Vasen und anderen Dekorations= stücken ließ 1862 die Gesellschaft in einer von ihr erworbenen Oelmühle, an der Knesebach am Fuße der Haardt belegen, zwei Sägemaschinen und eine große Drehbank, außerdem für die Fabri=

lation der gewöhnlichen kleinern Artikel, deren Form verbessert und verschönert wurde, noch 6 kleinere, eiserne Drehbänke aufstellen, die alle durch die Wasserkraft gedachter Mühle in Bewegung gesetzt wurden. Es war dies jedoch nur eine provisorische Einrichtung; fast gleichzeitig begann der Bau eines mit allen zu einem weit ausgedehnterem Betriebe erforderlichen Räumlichkeiten ausgestatteten Fabrikgebäudes, welches im Jahre 1865 vollendet wurde. Von den 35 Serpentindrehermeistern, welche 1862 die Innung bildeten, wurden 12 in jener Fabrikanlage und mit den Zurichten der gebrochenen Steine beschäftigt, den übrigen aber vorgearbeitete Steine in die eigene Werkstatt geliefert, welche sie dort zu meist unbedeutenden Sachen verarbeiteten.

Nach ihrer Vollendung wurden die Fabrikgebäude durch eine theilweise in den Stolln gelegte Eisenbahn mit den in ihrer unmittelbaren Nähe liegenden Abbauen in Verbindung gesetzt und mit folgenden Maschinen, zu deren Betriebe Gefälle und Aufschlagwasser der eingegangenen Oelmühle benutzt wird, ausgerüstet. Einem Schneidewerke mit senkrechter Säge, zum Schneiden von starken Platten; einem dergleichen mit horizontalem Gatter in welches bis zu 50 Sägeblätter gespannt werden können, zum Fournierschneiden; vier Circularsägen, einer Bohrsäge, einer Fraismaschine; drei Schleif- und Polirwerken und 25 eisernen Drehbänken, darunter eine große mit selbstthätigem Support. Außerdem ist jetzt noch eine Bildhauerwerkstätte für alle aus freier Hand herzustellenden Arbeiten, eine mit den nöthigen Laubsägemaschinen versehene Werkstätte für die Anfertigung von Mosaiken und endlich ein Ausspitzschuppen vorhanden, in welchem die Zurichtung des rohen Steins für die verschiedenen Werkstätten geschieht. In diesen und den Brüchen sind zur Zeit gegen 100 Arbeiter beschäftigt; daneben arbeiten noch 20 Drechslermeister in der oben angegebenen Weise in ihren eignen Werkstätten kleinere Gegenstände, welche sie ausschließlich in die Verkaufsanstalt der Gesellschaft einzuliefern, contractlich verbunden sind. Aus dieser haben auch alle Händler in Serpentinwaaren ihren Bedarf zu entnehmen; jeder direkte Kauf von einem Meister würde mit der Ausschließung des contravenirenden Händlers vom Waarendebite bestraft werden.

Wie leicht zu erachten, hat die jetzige fabrikmäßige Serpentininindustrie gegenüber der frühern, ausschließlich in den Händen der Serpentindreherinnungsgenossen ruhenden, eine sehr veränderte Gestalt angenommen. Zu den alteingebürgerten Artikeln, die sich aus der einst so reichen Musterkarte der Serpentinarbeiten in die Gegenwart herübergerettet haben, wie: Reibschaalen, Wärmesteine, Leuchter, Feuer- und Schreibzeuge, Tabaksdosen, Dominosteine, Würfel 2c., die sich jetzt freilich durch eine solide hohe Politur und zartere, geschmackvollere Formen von ihren Vorgängern vortheilhaft unterscheiden, sind ganz neue, mit Bronzearmaturen, die sich vom dunklen Serpentin sehr gefällig abheben, combinirte, hinzugekommen; es sind dies vorzüglich Schaalen, Leuchter und Lampenuntergestelle, die besonders stark nach Berlin und England gehen. Aber auch Arbeiten von größeren Dimensionen: Grabdenkmäler, Vasen, Amphoren von oft kolossaler Größe, Taufsteine, Tische mit Mosaikplatten nach Florentiner Art, die vorzüglich Gelegenheit bieten, den großen Umfang der Farbenskale des Serpentins kennen zu lernen, Kamine, ziehen die Augen der die Waarenniederlage der Gesellschaft zu Zöblitz Besuchenden auf sich. Daneben wird aber auch vorzüglich der monumentale und architektonische Zweig der Industrie gepflegt, was durch die Eigenthümlichkeit des Materials sehr unterstützt wird. Die feine Textur und nicht allzu große Härte desselben macht die Cannelirung von Säulen und Pilastern, die Durchbildung einer reichen und zarten Gliederung bei Gesimsen, welche bei härteren und spröderen Gesteinen mit oft an die Unmöglichkeit grenzenden Schwierigkeiten verbunden ist, bei ihm zu einer verhältnißmäßig leichten Aufgabe. Dabei hebt die feine Politur, welche durch die in der Einleitung nachgewiesene Beständigkeit des Serpentins auch für die Dauer gesichert ist, besonders auf dem dunkeln Kammsteine, alle Gliederungen durch starke Lichtbrechung sehr vortheilhaft hervor.

Diese Vorzüge des Serpentins haben bereits, wie zahlreiche Aufträge zu dergleichen Arbeiten, zum Theil aus weiter Ferne beweisen, volle Anerkennung gefunden. Unter den bereits ausgeführten sind hervorzuheben: Säulen und Pilaster, auch ganze Wandbekleidungen mehrerer Villen und Paläste in Berlin und Hamburg, Auskleidung eines Speisesaals in Leipzig mit Pilastern, Vertäfelung, Kamin; zahlreiche Grabmonumente, unter denen sich besonders das des Dr. Koch zu Würzburg und die dem Andenken des Präsidenten Lincoln geweihten Votivtafeln auszeichnen; Taufsteine, ein dergleichen, der sich 1867 auf der Gewerbeausstellung zu Chemnitz befand, ist eine der umfänglichsten aus einem Blocke hergestellten Arbeiten, endlich 14 Stück vier Fuß hohe Amphoren, Bestandtheile des prachtvollen Mausoleums, welches Königin Viktoria von England ihrem verstorbenen Gemahle errichtet. Das Imposanteste aber von Allem, was bis jetzt in Serpentin ausgeführt wurde, ist die so eben vollendete, 24 Fuß hohe Ehrensäule, welche das dritte preußische (brandenburgische) Jägerbataillon seinen im schleswigholsteinischen und im böhmischen Feldzuge Gefallenen zum Gedächtnisse in seiner Garnisonsstadt Lübben hat aufstellen lassen.

Die Serpentingesellschaft hat bis jetzt folgende Ausstellungen mit ihren Produkten beschickt: im Jahre 1865 die von Köln und die von Stettin; auf ersterer wurde ihr eine goldene, auf letzterer eine bronzene Medaille zuerkannt, und 1867 die zu Chemnitz, wo

die Verdienste einer von ihr ausgestellten interessanten Gruppe von Kunst=
werken durch Ertheilung einer silbernen Medaille gewürdigt wurden.

Zum Schluß noch einige Worte über die Methode, nach der
gegenwärtig der Serpentin in Zöblitz bearbeitet wird.

Der bei weitem größte Theil des Steins wird, wie schon be=
merkt, aus den unterirdischen Bauen gewonnen und durch den Stolln
auf einer Eisenbahn zunächst in den Ausspitzschuppen geführt, wo
die einzelnen Blöcke mit dem Billen, einem Hammer mit zwei
Schneidebahnen, aus dem Groben bearbeitet und je nach ihrer Ge=
stalt, Größe und Farbe, für das Schneide= oder Drehwerk oder
die Bildhauerwerkstätte zugerichtet werden.

Vielen Stücken wird nun, nachdem sie auf die sogenannte
Hohlbocke einer Drehbank aufgekittet worden sind, auf letzterer sofort
nicht allein durch verschieden geformte Drehstühle die Gestalt, son=
dern auch mittelst zartgeschlemmtem, mit Oel befeuchtetem Schmir=
gelpulver die Politur gegeben; flache Gegenstände als: Lampen=
und Leuchterfußplatten, Schaalen, werden zunächst aus größeren,
auf dem Schneidewerke erzeugten Platten mit der Circularsäge
ausgeschnitten und dann auf der Drehbank oder dem Ovalwerke
vollends ausgearbeitet und polirt. Säulen, die fast immer aus
mehreren Stücken zusammen zu setzen sind, werden auf der Support=
drehbank abgedreht, dann mit Meisel, Raspel und Feile aus freier
Hand cannelirt und zuletzt ebenso polirt. Gesimse und Karniesen
gibt man entweder zuerst auf der Fraismaschine ihre Form, schleift
und polirt sie dann mit der Hand oder stellt sie auch ganz durch
Handarbeit dar, was auch mit allen den Formen zu geschehen hat,
welchen man durch Maschinen nicht beikommen kann. Zum Po=
liren wendet man aber so viel als nur immer thunlich die eiserne,
sehr schnell horizontal rotirende Polirscheibe an, welche mit Holz
und darüber mit Leder belegt ist, auf das mit Oel angemachtes
Schmirgelpulver aufgebracht wird.

Zur Ergänzung der oft unzulänglichen Wasserkraft beabsich=
tigt man die Dampfkraft in die Anstalt einzuführen; letztere auch
durch Hinzufügung neuer Arbeitsmaschinen, vornehmlich Drehbänke,
deren Anzahl man auf 100 zu bringen gedenkt, ansehnlich zu er=
weitern. Das Feld der bisher noch vielfach angewendeten Hand=
arbeit würde durch dieselben eine wesentliche Beschränkung erfahren.

Und so will ich denn mit dem Wunsche schließen, daß es der
Thätigkeit der Leiter der Zöblitzer Serpentin=Gesellschaft vergönnt
sein möge, den Kreis der Freunde des Serpentins stetig zu er=
weitern, auch immer neue Verwendungsformen in den Bereich
ihres Materials zu ziehen, auf daß die Zöblitzer Serpentin=Industrie,
eine der ältesten Industrien Sachsens, immer kräftiger ihre Blüthe
entfalte zur Zier des Landes und zum Wohle der Arbeiterbevöl=
kerung des Obererzgebirges!